André Adoul

Dieu...
et mes sous

ÉDITIONS IMPACT
230, RUE LUPIEN
TROIS-RIVIÈRES (QUÉBEC) G8T 6W4
CANADA

Traduit et publié avec permission

©2003 : Publications Chrétiennes
230, rue Lupien
Trois-Rivières
(Québe c) Canada
G8T 6W4
Tous droits réservés

Dépôt légal – 3ᵉ trimestre 2003
ISBN : 978-2-89082-064-7

Dépôt légal : Bibliothèque et Archives nationales du Québec
Bibliothèque et Archives Canada

AVANT-PROPOS

Le lecteur doit être prévenu : le présent ouvrage n'est pas une étude mais une exhortation, ou plutôt un *appel* à échapper au pouvoir de l'argent afin de donner libéralement et avec joie. Ne soyez donc pas étonné d'entendre ici un prédicateur plus qu'un docteur (1).

Au cours de mes déplacements j'ai été amené à faire une constatation : la plupart des chrétiens ne semblent pas avoir une notion très précise du don et de sa destination, aussi se montrent-ils en général peu généreux. Certainement par *ignorance*. Ils n'ont pas pris le temps de se pencher sur la question... à moins qu'un enseignement approprié leur ait manqué. Sans doute à leur décharge, n'a-t-on pas pris soin de les éduquer dès leur conversion afin qu'ils prennent de bonne heure l'habitude de « mettre de côté la part du Seigneur ». Quelques uns, il est vrai, pèchent par *avarice*. Cette catégorie de croyants — on en rencontre — doit être alertée et conduite à l'humiliation et aux actes par le Saint-Esprit. Quoiqu'il en soit, la libéralité, trop souvent liée à des appels de fonds, est loin d'être abondante.

Ce livre, qui se veut pratique, a été écrit justement pour amener le lecteur à réfléchir et à rentrer en lui-même, en lui révélant l'importance, l'esprit et la pratique d'une libéralité selon le Seigneur. Tel est notre objectif. A-t-il été atteint ? J'en doute. Seul le Saint Esprit peut utiliser ces pages pour inciter le lecteur à ouvrir son cœur et sa bourse à « Celui qui l'a tant aimé ».

---

(1) **Nous vous recommandons d'excellentes études sur le thème qui nous occupe :**
L'homme et l'argent de J. ELLUL *(P.B.U)* - *La libéralité chrétienne* de F. Buhler.

Vous noterez que nous avons à peine abordé un sujet qui mériterait un long développement, à savoir : L'argent dans l'Eglise. On trouvera aisément d'excellents ouvrages traitant de cette question.

Enfin, j'ai cru devoir citer de nombreux faits afin de rendre l'exposé plus attrayant et sa lecture plus facile. Confucius n'affirmait-il pas qu'une illustration vaut plus que mille mots ? Je le crois aussi. Or, certains de ces faits remontent à vingt ou trente ans en arrière. Les ai-je fidèlement rapportés sans trop les déformer ? Les dialogues sont-ils cités avec exactitude ? J'en doute. C'est pourquoi, il convient surtout de retenir l'enseignement qui se dégage de chaque anecdote.

Que ces lignes nous conduisent, vous et moi, à réfléchir et à être désormais plus conséquents dans l'emploi de nos ressources. Qu'elles nous conduisent aussi à une consécration plus totale au Seigneur qui *pour vous s'est fait pauvre de riche qu'il était, afin que par sa pauvreté vous soyez enrichis.* (2 Corinthiens 8.9).

A. Adoul

1ère PARTIE

POUR RÉFLÉCHIR

1. - Le billet de cinq cents francs.

2. - Des idolâtres qui s'ignorent.

3. - Une racine de tous les maux.

4. - Suis-je avare ?

5. - Le pire des gaspillages.

6. - Que disent les Ecritures ?

LE BILLET
DE CINQ CENTS FRANCS

> Que votre conduite ne soit pas inspirée
> par l'amour de l'argent;
> contentez-vous de vos biens actuels
> car Dieu lui-même a dit:
> Je ne te délaisserai pas
> ni ne t'abandonnerai.
> Hébreux 13.5

Des confessions?

J'en ai entendu des centaines et de tout acabit, parfois compromettantes au plus haut chef: Le vol, le crime, l'adultère... Et pourtant, durant quarante années d'itinérance, je n'ai pas trouvé sur ma route un seul chrétien qui ait osé me dire: « Je suis attaché aux richesses et dois reconnaître mon avarice. Après tout, j'aime les sous... »

Pourquoi donc cet aveu est-il quasiment inconnu dans l'Eglise de Jésus-Christ? Parce qu'il doit nécessairement s'accompagner d'actes de générosité. Qui s'humilie d'avoir aimé l'argent est tenu de délier sa bourse ou de distribuer certains biens qu'il chérit, s'il ne veut être accusé d'hypocrisie. Là est l'obstacle majeur qui retient quiconque découvre sa cupidité. Hélas! On ne s'avoue pas volontiers adorateur de Mamon (1) sur notre planète. Faudrait-il, déjà, être

---

(1) Puissance démoniaque dont l'homme cupide se fait l'esclave et dont le service est incompatible avec le service de Dieu. (Le 16. 13, Mt 6. 24). *Dict. Encyclopédique de la Bible.*

enclin à la générosité pour s'accuser d'en manquer?
Justement!
Un paysan reconnu pour ses largesses me raconta le fait suivant. Lors d'une journée missionnaire, il décida de glisser un gros billet dans la collecte. Peu avant l'offrande, il ouvrit son porte-feuille et en exhuma les 500 francs qu'il avait préparés (une somme rondelette à l'époque). Or, en dépliant le billet, il en trouva un de cent francs :
— Bah! dit-il, cent francs suffiront bien.

Avec un certain soulagement, il rangea les 500 francs sauvés in extremis et, ce faisant, il découvrit dans les plis du porte-feuille un billet de ... 50 francs.
— 50 francs, c'est déjà pas si mal! Que chacun en donne autant et l'offrande sera bonne.

Et d'introduire son billet dans le tronc, la conscience à l'aise. En généreux donateur, il rentra à la maison et s'endormit du «sommeil du juste».

Le lendemain, tôt levé, il se rendit à l'étable comme à l'accoutumée et trouva sa plus belle vache étendue sur le sol, morte certainement depuis la veille... peut être à l'instant précis où il rangeait son billet de 500 francs! Interloqué, muet, ce bon chrétien ne tarda pas à comprendre. Dieu le rappelait à l'ordre. Brutalement, car le langage était on ne peut plus clair. Repris dans sa conscience et convaincu d'avoir volé son Seigneur, il s'humilia et, sur le champ, remplit un chèque de 500 francs à l'ordre de la mission.

Dieu serait-il contraint de frapper si fort pour alerter les siens et démasquer à leurs yeux l'idole qu'ils feignent d'ignorer ? Comme nous sommes peu enclins à donner ou, selon l'Ecclésiaste, à «jeter notre pain sur la face des eaux» (chap. 11,v.1)!

*

* *

A la décharge de nombreux croyants, force est d'admettre qu'ils ne sont guère incités à vider leur bas de laine pour l'avancement du règne de Dieu. On se plaît, semble-t-il, à les laisser dans l'ignorance, la question financière étant jugée par d'aucuns si peu importante et surtout, si peu spirituelle. Parler de «sous» dans l'église est presque déshonorant, en tout cas peu digne d'un chrétien. Aussi s'abstient-on d'y faire allusion la plupart du temps. Or Jésus était loin d'être de cet avis, lui qui a parlé abondamment des richesses, bien plus que du ciel ou de l'enfer! Une parabole sur deux a trait à l'argent ou aux biens matériels et le Sauveur traite sans la moindre gêne de l'acquisition, de la gestion ou du mauvais emploi de ces richesses.

En gardant le silence sur ces questions on en a fait un sujet tabou. Qu'on ne s'étonne pas alors si les chrétiens sont si peu motivés lorsqu'il s'agit de donner. Ils versent leur obole sans enthousiasme comme dans un gouffre obscur, sans réfléchir davantage puisqu'on leur laisse croire, en ne les informant pas, qu'ils n'ont pas le droit de savoir. Qui, par exemple, a une idée du montant de l'offrande recueillie le dimanche matin? De la somme versée à un visiteur de passage, évangéliste ou missionnaire? De l'importance du don consacré à l'œuvre que soutient l'église?... (Vous qui lisez ces lignes, seriez-vous en mesure de répondre à de telles questions?). Pourquoi donc laisser planer le mystère sur des éléments que chacun gagnerait à connaître?

Certes, rien n'empêche tel membre de la communauté d'aller tirer la sonnette du pasteur ou d'un ancien pour être éclairé sur ce point. Gêné, il s'en abstient car la démarche est délicate. Interroger le trésorier, n'est-ce pas le suspecter?

— C'est faux, me rétorquera-t-on. Les chrétiens sont informés et il leur est loisible de connaître avec précision la marche financière de l'église locale.

— C'est vrai!

En effet, chaque année, les finances sont évoquées lors de l'Assemblée générale. En cette occasion exceptionnelle, le trésorier est invité à produire ses comptes après une série de longs rapports plus ou moins fastidieux. Il le fait généralement au triple galop comme s'il était coupable de dévoiler sa gestion ou d'utiliser un langage quelque peu technique, hermétique pour certains. Alors, il jette une pluie de chiffres sur un auditoire somnolent lequel patauge entre les «débits» et les «crédits». Toutefois, si le moindre déficit est signalé, l'occasion sera fournie à l'assemblée de faire «encore un petit effort» pour le combler. Culpabilisés un court instant, les membres présents accompliront volontiers le geste demandé pour apaiser le trésorier aux abois. Chacun sera remercié avec chaleur et l'on se séparera convaincu d'avoir fait tout son devoir; il n'y a pas lieu de débourser un sou de plus!

Curieuse éducation!

Ne devrait-on pas veiller à ce que chacun soit très au clair sur les questions d'argent dans l'église? Surtout, ne faudrait-il pas éduquer avec soin les membres encore jeunes dans la foi afin qu'ils prennent très tôt de bonnes habitudes et se montrent généreux pour le Seigneur et son œuvre? Leur vie spirituelle en serait affermie. J'ai connu une communauté où l'on précisait chaque dimanche le montant de l'offrande précédente. Ainsi, sans invitation ou pression particulière, les fidèles étaient-ils rappelés à l'ordre s'il le fallait, simplement en constatant un fléchissement de la libéralité au sein de l'assemblée. Le pasteur et son trésorier ne peuvent être seuls à porter le poids des finances de l'église. La communauté tout entière doit être concernée sans que l'on soit obligé, périodiquement, de la supplier par des appels au porte-monnaie. Une église qui mendie c'est toujours pitoyable. Le croyant trouverait plus de joie à donner en se conformant aux enseignements de l'Ecriture qu'en répondant sous le coup de l'émotion aux appels financiers.

QUESTIONS

1. — Etes-vous au courant de la marche financière de votre église ou de telle œuvre qui vous tient à cœur? Avez-vous une idée du montant de l'offrande dominicale dans votre paroisse?

2. — Ne pourriez-vous pas suggérer à votre pasteur d'aborder clairement les responsabilités financières du croyant en fournissant un enseignement basé sur l'Ecriture?

— Reconnaissez que Dieu ne s'est jamais montré mesquin à votre égard.

DES IDOLÂTRES QUI S'IGNORENT

> Vous ne pouvez servir
> Dieu et Mamon.
> Matthieu 6.24

Il serait souhaitable que chaque couple se trouve à court d'argent au moins une fois dans sa vie. Plus rien dans la caisse ! Expérience désagréable sur le moment mais à terme salutaire et donc enrichissante. Qui a les poches vides doit s'attendre au ciel. Mais alors, que d'inquiétude et d'affolement !

— Et demain, de quoi vivrons-nous ? Comment règlerons-nous l'électricité et le loyer ? Achèverons-nous de payer la voiture ?

Ah ! Comme un compte en banque bien garni rassure, sécurise, apaise ! Qui est en mesure de signer à volonté des chèques sans éponger pour autant son avoir peut respirer à l'aise et envisager l'avenir avec sérénité. Lorsque le lendemain est assuré, l'âme est en repos (Luc 12.19). Mais assuré par qui ? Ou par quoi ?

Le chrétien a beau savoir que Dieu est infiniment riche et disposé à pourvoir aux besoins des siens, il est néanmoins ébranlé dans son assurance lorsqu'il en est réduit à céder sa dernière « pite ». Preuve qu'il fait pleine confiance à son argent et... beaucoup moins à la Providence aux ressources pourtant inépuisables.

C'est reconnu. L'argent est un dieu qui tient une place énorme dans la vie des hommes. La Bible le nomme Mamon.

Un dieu vénéré sur la terre. Ses autels sont dressés partout, sous tous les climats, chez les animistes d'Afrique comme dans les foyers chrétiens ou païens d'Europe et d'Amérique. Il trône dans les familles les plus orthodoxes, les plus austères, voire les plus pieuses. Une multitude de croyants lui sacrifient journellement leurs pensées, leurs forces, leur temps et... leur amour. On l'honore parce qu'il tient les clés du succès, de la gloire, de la puissance et d'un certain bonheur. De lui nous vient le pain quotidien, le vêtement, le nécessaire comme le superflu. Il rend la vie plus brillante, plus confortable, plus sûre donc plus agréable. C'est pourquoi, il n'est pas de religion mieux accueillie et plus répandue parmi les humains que celle de Mamon. Ses adeptes se comptent par millions, gens de toute race et de toute tribu. Et d'ailleurs, qui n'a été un jour ou l'autre son fervent disciple? Qui, sur la terre, a pu échapper totalement à son attrait, à son charme envoûtant?

*
* *

Au dieu Mamon, je peux sacrifier *mes pensées*.

Je m'imagine en train d'acheter un poste à transistors. Satisfait de mon achat, je quitte le magasin. Or que vois-je trônant dans une vitrine à l'angle de la rue voisine? Le même appareil, le même modèle de la même marque... vendu avec un rabais de cinquante francs.

— Cinquante francs de moins! Bigre, si j'avais su...

Et aussitôt cette impardonnable perte déclanche une succession — un flot — de réflexions attristées, de regrets. Je rentre à la maison maussade en ressassant cette mésaventure. Et Mamon de rire, lui qui accapare mes pensées des heures durant! Des pensées qui devraient s'élever vers le Seigneur.

Naturellement, à l'inverse, si je constate que cet objet coûte cinquante francs de plus dans la boutique d'en-face, alors quelle jubilation! Bref! Perdue ou gagnée, cette modeste somme mobilise mes pensées. Mais que d'insomnies, d'heures remplies de lamentations lorsque les pertes se comptent par

centaines ou milliers de francs. Je puis passer des jours et des nuits à ruminer telle «mauvaise affaire», à chercher longuement comment récupérer les sommes perdues, à m'accuser interminablement de m'être laissé si stupidement berner. Hélas! Le Seigneur qui veut être aimé «de toute notre pensée» (Luc 10.27) est grandement attristé lorsque Mamon devient le centre de nos préoccupations. C'est faire trop d'honneur à ce dernier.
Ne te fatigue pas pour t'enrichir, cesse d'y appliquer ton intelligence (Proverbes 23.4).

*
* *

A Mamon je puis sacrifier mon *temps,* mes *forces* et *ma santé.* Je pense à tel ouvrier rentrant à la maison au terme d'une journée de travail. Son salaire est modeste mais suffisant. Va-t-il se détendre et jouir de la vie familiale en se donnant aux siens? Consacrera-t-il plus de temps à son Seigneur? à son église? Pas du tout. Il «expédie» en hâte son repas sans dire un mot à ses enfants, puis court chez l'épicier du coin faire quelques heures de «travail au noir» pour étoffer son revenu car l'épicier paye bien. De son côté, l'épouse ne chôme pas. Ses diplômes lui permettent d'être assise derrière un guichet à la grand poste. Bien sûr, l'un et l'autre rentrent fourbus à la maison, mais bah! on se rattrapera durant les vacances. L'essentiel est d'encaisser de bons mois. Quant au Seigneur, il y a belle lurette qu'on l'a congédié. Le couple est trop las pour assister régulièrement au culte dominical, trop las pour se rendre à une soirée biblique.

Folie! Mamon mobilise des forces que Dieu voudrait pour lui et son royaume.

*
* *

Enfin, à ce dieu exigeant — il veut *mes affections* — je puis sacrifier ce que j'ai de plus cher au monde : ma famille, mes proches. Faut-il parler ici des innombrables familles apparemment unies comme chair et ongles, brusquement déchirées lors d'un partage d'héritage ? Hélas ! Il arrive qu'on tienne davantage à un meuble branlant, à un champ ou à une maison, à quelques pièces d'or, qu'à un frère ou une sœur ; qu'au Seigneur lui-même. Ne réclame-t-il pas d'être aimé « de tout notre cœur » ?

Vous observerez que les personnes âpres au gain sont dures en affaire, sans cœur, impitoyables, avares de bons gestes, desséchées spirituellement. L'Ecriture qualifie les cupides de méchants (1 Corinthiens 5.11,13). Lisez attentivement l'Ancien Testament et vous découvrirez combien l'idolâtrie est insupportable à Dieu et déchaîne sa plus vive colère. Aussi est-il impérieux que j'échappe à l'emprise de Mamon et refuse de plier les genoux devant lui. L'idole mordra la poussière, et l'argent perdra son pouvoir de séduction dès l'instant où je le donnerai avec libéralité. Le don profane l'argent, le désacralise. Ainsi détrôné, il est ramené au rang de serviteur. Il devient simple instrument, vulgaire outil. Bien plus, donner son argent sans regret au Seigneur est un acte de consécration : Dieu est délibérément choisi comme Maître. Et ma bourse arrachée à l'adversaire lui est désormais restituée (1). Il serait faux de croire que l'argent est en lui-même une chose mauvaise dès l'instant où il joue son rôle d'instrument. N'est-il pas à Dieu (Aggée 2.8) ? Le Seigneur n'est nullement opposé aux riches ni aux richesses puisque c'est lui qui les distribue (Proverbes 22.2). Ce qu'il condamne, c'est non l'argent, mais l'attachement à l'argent plutôt qu'à sa personne. Ce qu'il réprouve encore c'est l'emploi qui est fait de la richesse hors de son contrôle (Osée 2.10). De même, il désavoue ceux qui convoitent la fortune des nantis ou veulent s'enrichir au

---

(1) Lire Deutéronome 26.1, 11 qui illustre ce fait. Ici, les biens donnés à l'Egypte dominatrice sont désormais apportés à l'Eternel.

détriment des autres. *Comme une perdrix qui couve ce qu'elle n'a pas pondu, tel est celui qui acquiert des richesses injustement ; au milieu de ses jours il doit les quitter. Et au moment de sa fin, il n'est qu'un insensé.* (Jérémie 17.11).

Un homme de Dieu éminent, sondant la Bible pour savoir ce qu'elle enseigne sur *la mondanité*, découvrit que dans l'Ancien comme dans le Nouveau Testament, celle-ci se confond dans la plupart des cas avec l'amour de l'argent. Poursuivre les richesses c'est « se conformer au siècle présent ».

*
* *

Petits enfants, recommandait le vieil apôtre, gardez-vous des idoles (1 Jean 5.21).

QUESTIONS
1. — Suis-je enclin à poursuivre les richesses et préoccupé de gagner toujours davantage ? En un mot, ne serai-je pas attaché aux biens matériels ?
2. — Dieu occupe-t-il mes pensées ? Dispose-t-il réellement de mon temps, de mes forces et de mon amour ? N'est-il pas trop souvent détrôné par les soucis d'argent ?
3. — Ai-je vraiment reconnu que la cupidité est une détestable idolâtrie ? Je veux bénir le Seigneur ; il ne se lasse pas de pardonner quiconque revient à lui.

UNE DÉTESTABLE RACINE

> L'amour de l'argent
> est la racine de tous les maux.
> 1 Timothée 6.10

Je revois ce vaste immeuble dont l'une des façades était lézardée de haut en bas à cause de la proximité d'un énorme platane. L'ombre généreuse de cet arbre était trop appréciée durant les heures surchauffées de l'été méridional pour qu'on songeât à l'abattre. Pourtant, ses racines accomplissaient lentement mais sûrement un travail de sape que rien n'arrêterait aussi longtemps qu'on le laisserait vivre. Puissance prodigieuse capable d'ébranler des tonnes de pierre, de les disjoindre et d'entraîner la ruine d'un grand édifice! Il en va de même des richesses lorsque l'homme s'y attache et les poursuit. *Ceux qui veulent s'enrichir tombent dans la tentation, dans le piège et dans une foule de désirs insensés et pernicieux qui plongent les hommes dans la ruine et la perdition. Semblables à une racine profonde, elles fascinent les hommes. Et quelques-uns, pour s'y être adonnés se sont égarés loin de la foi et se sont infligés à eux-mêmes bien des tourments.* (1 Timothée 6.9, 10).

Ne nous leurrons pas. Mamon n'est pas seulement une représentation anodine, une statue inerte symbolisant l'argent comme Marianne symbolise la France. Satan serait trop heureux de nous le faire croire. Selon Jésus, Mamon est infiniment plus qu'une simple allégorie : c'est bel et bien une *puissance.* Une puissance séductrice. Totalitaire. Une « autorité » asservissant quiconque plie les genoux devant l'idole. Et cet attachement aux richesses est source de « toutes sortes de maux». Y a-t-il un problème douloureux dans la vie d'un individu? Dans l'Eglise ou la société? Ne cherchez pas plus loin. Grattez un peu et vous découvrirez aisément sa racine. Elle est presque toujours la même: L'argent. D'où l'importance et l'urgence de démasquer cette puissance qui tient à se faire oublier, en se gardant d'en sous-estimer les effets. Racine de toutes sortes de maux et de malheurs, l'amour des richesses engendre:

1. — L'abandon de la foi. L'apôtre en avertit le jeune Timothée: *Quelques uns, pour s'y être adonnés, se sont égarés loin de la foi* (1 Timothée 6.10). Il n'y a pas de pire malheur! Des croyants, zélés à l'aube de leur vie chrétienne, ont perdu pied et lâché le Christ à cause de l'abondance matérielle. Démas était certainement de leur nombre (1 Timothée 4.9). Quoi qu'il en soit, la poursuite des richesses *étouffe la Parole et la rend infructueuse* (Marc 4.19).

2. — Le mensonge. Ce fut le cas chez Ananias et Saphira. Ce couple généreux (Eh oui!) mentit délibérément à Pierre, à l'Eglise et au Saint-Esprit pour avoir retenu une partie du prix d'un champ qu'il prétendait avoir tout entier consacré au Seigneur (Actes 5.3). Aujourd'hui encore, l'homme use volontiers du mensonge pour vendre plus aisément et à meilleur compte une maison, une voiture, un objet... ou pour obtenir une faveur ou une allocation!

3. — Les disputes, les guerres et les affrontements de tous ordres. L'amour des richesses sème la zizanie partout, même parmi les plus unis. Exploité par Laban, son beau-père, Jacob ruse pour récupérer ce dont il a été frustré. Résultat: Père, frère, sœurs et gendre se brouillent jusqu'à s'engager à ne plus se revoir (Genèse 31.52).

4. — Les fraudes et le vol. Avide d'argent, Judas, le trésorier des douze, puise dans la caisse commune. Il s'indigne de voir Marie «gaspiller» aux pieds de Jésus un parfum de grand prix (représentant le salaire d'une année), une somme volatilisée dont il ne pourra détourner la moindre pite (Jean 12.5, 6). Hélas! Que de gens fraudent le fisc et se révèlent malhonnêtes en affaires!

5. — Le reniement et les trahisons. Judas n'a-t-il pas livré

Jésus pour trente pièces d'argent ? Au cours des siècles et en temps de persécutions, des croyants ont vendu leurs frères dont la tête était mise à prix afin d'empocher la somme promise. C'est tragique!

6. — La prostitution et la débauche. Il n'y aurait ni souteneurs, ni proxénètes s'ils n'étaient assurés de tirer profit de leur abominable besogne (Proverbes 5. 10).

7. — L'astrologie et la divination. Les diseuses de bonne aventure pullulent simplement parce qu'il y a de l'argent à gagner. On en compte plus de 20 000 à Paris!

8. — Le commerce honteux **des stupéfiants** qui font de terribles ravages parmi la jeunesse s'opère à l'échelle mondiale pour la seule raison qu'il rapporte gros.

9. — L'exploitation de l'homme, la lutte des classes, les «pots de vin»... ont pour mobile l'amour de l'argent. N'est-ce pas pour un salaire (2 Pierre 2. 15) que Balaam donna au roi Balak un pernicieux conseil destiné à perdre Israël? Ce conseil jeta le trouble au sein du peuple de Dieu et entraîna la perte du devin lui-même (Nombres 24. 14 et 31. 8).

*

* *

Bien plus qu'une puissance, Mamon est véritablement UNE PERSONNE qui prétend à la divinité. Son objectif est celui de Satan: Détrôner Dieu! Aimer l'argent c'est haïr le Père, et l'amour de l'argent est une haine de Dieu (Luc 16.13). En vérité, Mamon n'est Mamon que si on l'aime et le sert. Mais qui, parmi nous, peut se vanter d'être insensible à ses attraits?

Mamon doit être démasqué: C'est Satan déguisé, l'un des noms du «prince de ce monde». Et tout sujet de ce prince — l'homme irrégénéré — est naturellement attaché aux richesses même s'il s'en défend et se montre généreux. Quant aux chrétiens je ne sais s'il s'en trouve un seul qui puisse affirmer en toute vérité: «Je suis totalement et définitivement libre quant à l'argent». Savez-vous qu'il est possible de donner avec libéralité tout en continuant de sacrifier à

Mamon ? Je puis faire vœu de pauvreté, vivre par la foi, attendre de Dieu seul le pain quotidien sans pour autant compter sur le Seigneur. Tel moine ne possède rien et, semble-t-il, n'aspire à rien. Cependant, il peut fort bien placer sa confiance dans l'institution qui l'a pris en charge plutôt qu'en Dieu lui-même, car cette institution a des ressources. Le pionnier qui fonde une église et n'a pas de salaire assuré peut être tenté, lorsque la caisse est vide, de regarder aux amis. Une circulaire mensuelle le rappelle à leur bon souvenir ; même les meilleurs sont faillibles. J'étais serein durant mon activité au sein de la Ligue pour la lecture de la Bible, sans inquiétude. Certes, je savais que l'œuvre dépendait très largement des dons qu'elle recevait, mais elle était bien établie, favorablement connue et portée par de nombreux et fidèles croyants. En outre, s'attendant au Seigneur, son Conseil s'engageait à rémunérer ses collaborateurs, l'ouvrier méritant son salaire. Plus tard, j'ai pu expérimenter la vie par la foi sans jamais rédiger de circulaire : Etais-je, à cause de cela, hors de toute préoccupation financière ? Honnêtement, non !

Personne n'est à l'abri du tentateur, dans le domaine matériel surtout. « Le lion rôde », aussi dois-je veiller sans relâche pour démasquer l'adversaire et lui « résister avec une foi ferme » (1 Pierre 5.9). Satan est trop puissant pour que j'extirpe moi-même cette mauvaise racine, et les appels à la générosité ne suffiront pas à me libérer de l'emprise des richesses. L'action purificatrice de Dieu est nécessaire : je veux la réclamer. La délivrance aura lieu si je consens à passer par le jugement du Seigneur. Je me garderai d'admirer mes largesses ou de considérer l'importance de mes offrandes pour me croire affranchi de Mamon. Non ! Je plaiderai coupable en découvrant la place que tient l'argent dans ma vie. Certes, Dieu ne me demande pas de vendre tout ce que je possède pour le donner aux pauvres — cela ne me libèrerait pas pour autant de l'amour des richesses — mais il attend ma reddition pour me rendre capable d'y renoncer. Il m'amènera — si j'y consens — à *le laisser posséder* ce que jusque là j'ai appelé *mon* argent, *mon* avoir, *mon* patrimoine... Toute richesse qui n'est pas reçue tel un don du Créateur, et employée comme propriété du Seigneur, est vaine et dangereuse.

En me révélant cet esclavage si longtemps ignoré, Dieu poursuit mon bien. Il veut, plus que quiconque, mon bonheur et ma liberté. La vraie richesse c'est lui et lui seul. Il sera ma sécurité, mon repos, ma joie si je le choisis pour Maître et Seigneur.

Dieu ou Mamon. Il n'y a pas d'autre alternative.

QUESTIONS
1. — Suis-je vraiment conscient du fait que l'amour de l'argent peut engendrer beaucoup de maux et de drames?
2. — Les richesses ont-elles exercé sur moi un réel attrait? Ai-je souvent cédé au désir d'en posséder en abondance? Ne devrais-je pas me laisser sonder par le Saint-Esprit afin qu'il me révèle la place que Mamon a occupé dans ma vie?
3. — Si le Saint-Esprit me révèle mon attachement aux richesses, suis-je alors disposé à m'humilier devant Dieu pour qu'il me libère de cette emprise? Je veux bénir Celui qui a vaincu le diable au Calvaire.

AVARE SANS LE SAVOIR

> Les pharisiens qui aimaient l'argent écoutaient et se moquaient de Jésus.
> Luc 16.14

Il est une catégorie de gens qui force l'admiration des chrétiens. Je veux parler de cette espèce rare déposant fidèlement la dîme dans le tronc de l'église (1), point culminant de la générosité aux yeux de beaucoup.

Peut-être avez-vous entendu des réflexions de ce genre à moins que vous ne les ayez exprimées vous-même :

— Savez-vous que M. Durand donne la dîme (Un geste que l'on devrait ignorer, après tout) ? D'ailleurs, cela se ressent dans la collecte lorsqu'il est présent au culte le dimanche matin.

— Il est vrai que ce bon chrétien dispose de moyens qui lui permettent de sortir de gros billets. Naturellement, il faut recevoir un bon salaire pour verser le dix pour cent...

---

(1) Par commodité, nous mentionnerons de préférence le « tronc » lorsqu'il s'agira de l'offrande apportée à l'église. Suivant le lieu et les circonstances on pourrait également parler de collecte, de cotisation, de souscription, de vente, d'impôt religieux, d'offrandes spéciales, de dons... Les chapitres 8 et 9 de 2 Corinthiens traitent en détail du problème de la libéralité. Nous vous conseillons de les lire attentivement. Dans les diverses communautés on a recours, pour récolter les dons, à des troncs, sacs, bourses ou plateaux que l'on fait circuler dans les rangs. Parfois les fidèles sont invités à glisser leur offrande dans une enveloppe à remettre au moment de la collecte.

— Ah! Si tous les chrétiens en faisaient autant, les caisses de l'église seraient toujours pleines et l'on pourrait se montrer plus généreux à l'égard de notre pasteur.
— La dîme! Mais c'est l'Ancien Testament. Nous ne sommes plus, Dieu merci, sous la loi et de ce fait, nullement tenus de verser le dixième de nos revenus.
C'est vrai! Ils sont rares les croyants qui ont pris la bonne habitude de mettre soigneusement de côté et régulièrement la part du Seigneur!

*
* *

Avez-vous noté la remarque de l'évangéliste lorsque Jésus eut achevé de raconter la parabole de l'économe infidèle? Segond traduit ainsi Luc 16.14 : *Les pharisiens qui étaient avares se moquaient de lui.* Quant à A. Kuen, dans *Parole Vivante*, il utilise l'expression «très attachés à l'argent».

Avares les pharisiens? Est-ce possible? Ces gens pieux n'apportaient-ils pas fidèlement au Temple une dîme scrupuleusement calculée? D'ailleurs Jésus le reconnaît, qui les apostrophe ainsi: *Malheur à vous pharisiens, parce que vous payez la dîme de la menthe, de la rue et de toutes les plantes potagères, et que vous négligez la justice et l'amour de Dieu.* (Luc 11.42; voyez également Matthieu 23.23).

Avares les pharisiens? Allons donc! Sans nul doute, les juifs de jadis en remontreraient aux chrétiens sur le chapitre de la générosité. Ne les jugeons pas mais supputons plutôt ce qu'ils pouvaient offrir durant l'année. Soumis aux lourds impôts exigés par les rois et plus tard par les Romains, l'observateur scrupuleux de la Loi s'efforçait:

1. — De donner la dîme - ou les dîmes (1) - de ses produits (Deutéronome 14.22,23).

---

(1) Au sujet de la dîme. <u>notons</u>:
a) Que personne n'en était dispensé. Elle était imposée aux plus pauvres ainsi qu'aux lévites (Nombres 18.26-29). Ordonnée par la Loi (Lévitique

2. — De consacrer à l'Eternel les premiers-nés de son bétail (Lévitique 27.26); ce n'était pas rien lorsqu'il s'agissait de donner un bœuf ou un mouton.
3. — De sacrifier du bétail lors de fêtes célébrées à Jérusalem (Lévitique 23.8,18,19,25...).
4. — D'offrir un agneau (pigeon ou tourterelle) après chaque naissance (Lévitique 12.6, 8).
5. — D'offrir obligatoirement un sacrifice quand on avait eu contact avec un cadavre, lorsqu'un homme avait une pollution nocturne, ou une femme ses règles ou une perte de sang (Lévitique 15.14,29).
6. — De réserver un coin de champ non moissonné à l'étranger et au pauvre (Lévitique 23.22; 19.9).
7. — D'attendre cinq années avant de s'approprier les fruits des arbres nouvellement plantés (Lévitique 19.24).
8. — D'ajouter aux offrandes déjà signalées divers dons ou secours volontaires pour l'accomplissement d'un vœu, afin de venir en aide à l'orphelin, à la veuve, au lépreux ou à l'étranger dans la peine.

Tout cela coûtait fort cher et pouvait représenter en réalité deux à trois fois la dîme. Et davantage encore si l'Israélite se montrait zélé pour Dieu. Pensez à Anne qui, se rendant à Silo pour y «laisser son enfant devant L'Eternel», offrit «*trois taureaux*, un épha de farine et une outre de vin» (1 Samuel 1.24). Touchante générosité qui devrait nous faire réfléchir, nous qui prétendons avoir plus de lumières que les croyants de l'Ancienne Alliance.

27.30-32), elle était déjà pratiquée avant sa promulgation (Genèse 14.20; 28.22).

b) Si la dîme est approuvée par Jésus (Matthieu 23.23) elle n'est cependant jamais exigée dans les Actes ou les Epîtres.

c) Certains pensent, avec l'historien Josèphe, que l'Israélite pouvait apporter jusqu'à *trois fois* la dîme. La *première* était dédiée au Seigneur et pourvoyait aux besoins des sacrificateurs ainsi qu'au service du Temple (Lévitique 27.30-33 et Nombres 18.20,21). — Une *deuxième* dîme était mise à part pour un repas sacré à Jérusalem, lors des fêtes, et pris avec les lévites et les serviteurs de la famille (Deutéronome 12.17,18). — Une *troisième* dîme était prélevée tous les trois ans et consommée avec le lévite et les pauvres dans sa propre cité (Deutéronome 14.28).

Si les pharisiens ont été taxés d'avarice, que dire alors des chrétiens — de MOI peut-être — qui versent parcimonieusement dans le tronc une obole ridicule qu'on n'oserait remettre à son facteur ? Il y a là un sérieux motif de rentrer en moi-même et de m'interroger pour savoir si je sers Dieu ou Mamon. Que représentent au juste les sommes que je dépose dans le tronc, compte tenu de mes revenus ? Sont-elles dignes du Seigneur qui s'est fait pauvre de riche qu'il était, afin que je sois enrichi (2 Corinthiens 8.9) ? Suis-je résolu à mettre à part une offrande qui réjouisse le cœur de Dieu ?

*
* *

Quel chrétien ne serait au comble de la confusion si, injustement accusé de vol, il devait comparaître devant un tribunal ? Même de simples soupçons lui seraient intolérables. Et pourtant, le plus scrupuleux des croyants peut être voleur sans le savoir. L'Eternel ne disait-il pas, longtemps après le retour de l'exil et par la voix du dernier prophète : « *Vous me frustrez... sur la dîme...* » (Malachie 3.8) ? Quoique la dîme ne soit plus exigée dans la Nouvelle Alliance (1), le Seigneur pourrait de nos jours tenir un langage analogue : « En apportant si chichement votre obole, vous me méprisez... » car nombre de « bons » chrétiens se contentent de lui faire l'aumône comme on secourrait un indigent ou remettrait un pourboire à sa concierge. En réalité, une libéralité « rétrécie » n'est, d'après l'apôtre Paul, qu'un acte d'avarice (2 Corinthiens 9.5) car elle n'exprime pas le don de soi. On verse une modique somme pour apaiser sa conscience ou s'attirer, à bon marché, les faveurs du ciel. Pas de cela ! Après tout, le Dieu infiniment riche n'a besoin de rien ; il n'a que faire de nos offrandes mesquines. Avec le Seigneur des seigneurs, il ne sera jamais question de générosité — on ne fait pas la charité à Dieu — mais de la plus

---

(1) Cette question sera traitée plus loin.

élémentaire et honnête reconnaissance à son endroit.

Du temps de Malachie, l'Eternel s'est montré irrité en jugeant son peuple infidèle dans les dîmes et les offrandes : *Vous êtes frappés par la malédiction, et vous me trompez* (3.9). Se révèlera-t-il plus indulgent ou indifférent face à l'égoïsme et à l'avarice des chrétiens ? Sûrement pas. N'exige-t-il pas que les cupides et tous les idolâtres de Mamon soient écartés de l'Eglise (1 Corinthiens 5. 11) ? N'affirme-t-il pas avec force et à plusieurs reprises que les cupides n'hériteront pas le Royaume de Dieu (1 Corinthiens 6.10) ? C'est donc sérieux ! Il suffit d'évoquer la brutalité du châtiment infligé à Ananias et Saphira (Actes 5) pour mesurer combien grand est le courroux de Dieu lorsqu'on le trompe dans ce domaine !

Peut-être constatez-vous que votre église est bien vacillante, peu conquérante ou dynamique ? Ne serait-ce pas, pour une bonne part, à cause de l'infidélité de certains de ses membres relativement aux offrandes ? *Apportez à la maison du trésor toutes les dîmes... Mettez-moi de la sorte à l'épreuve... et vous verrez si je n'ouvre pas pour vous les écluses du ciel, si je ne déverse pas pour vous la bénédiction au-delà de toute mesure* (Malachie 3.10). L'avarice ou l'indifférence des chrétiens ne ferait-elle pas obstacle à l'action du Saint-Esprit dans l'assemblée ?

Après avoir vaincu les quatre rois de Mésopotamie, libéré Lot et restitué au roi de Sodome la totalité de ses richesses, Abram versa la « dîme de tout » à Melchisédeck alors qu'aucune loi ne l'y obligeait. Plus encore, il refusa catégoriquement l'or du roi de la plaine en déclarant fermement : *Je ne prendrai rien de tout ce qui est à toi, pas même un fil ou une bride de sandale, pour que tu ne puisses pas dire : J'ai enrichi Abram* (Genèse 14.23). Ainsi, le patriarche prouvait-il hautement son détachement des biens temporels ainsi que son désir d'honorer l'Eternel par son offrande. Il savait que de Dieu seul venait la « bénédiction qui enrichit » et il en eut la confirmation sitôt après cet événement lorsque l'Eternel lui apparut disant : *Je suis moi-même ton bouclier et ta récompense sera très grande* (Genèse 15.1).

*
* *

Celui qui sème en abondance moissonnera avec abondance, disent les Ecritures (2 Corinthiens 9.6).

QUESTIONS

1. — *Qu'en est-il de mes offrandes ? Combien ai-je versé ce mois-ci ? Quelle partie de mon salaire cela représente-t-il ?*
2. — *Ce calcul étant fait, puis-je affirmer que j'aime mon Seigneur et suis préoccupé de son règne ? Ne devrais-je pas m'humilier en constatant le contraire ?*
3. — *Suis-je vraiment décidé à honorer de mes biens le Seigneur ?*

LE PIRE DES GASPILLAGES

> Un homme riche avait un économe qui lui fut dénoncé comme dissipant ses biens...
> Luc 16.1

Dans les années soixante je reçus les confidences d'un homme d'une trentaine d'années :
— Lorsque j'étais enfant, me dit-il, mon père ouvrit en mon nom un compte à la Caisse d'Epargne sur lequel il déposa régulièrement des sommes relativement importantes. Il pensait à mon avenir et désirait que je sois en possession d'un certain pécule lorsque j'entrerais dans la vie active. Ainsi juste avant la déclaration de guerre, je possédai environ 8 000 francs. De quoi m'acheter une voiture.
— Et alors ?
— Eh bien, cette somme n'a jamais été retirée ; elle est encore inscrite sur mon livret, grossie des maigres intérêts. Les 8 000 francs sont devenus 16 500 francs (165 francs nouveaux). Juste de quoi me payer un plein d'essence ou une vidange. Pas plus.

Quelle déplorable gestion ! Est-ce donc ainsi que l'on *économise* ? Dans le langage courant, ce mot signifie : Contrôler ses dépenses, amasser sou par sou, se priver parfois pour mettre de l'argent de côté. Or, littéralement *économiser* à un sens tout autre (du grec *oikos* = maison et *nemein* = administrer). A l'origine, il signifiait plutôt : Bien gérer son avoir, faire fructifier son argent en lui faisant produire le maximum, en évitant surtout pertes et gaspillages.

Il existe deux façons de vilipender ses richesses, donc d'être un piètre économe. La première, trop connue pour qu'on s'y attarde, est souvent le travers d'une jeunesse insouciante et comblée. Les aînés la condamnent en chapitrant leur progéniture. Elle consiste à jeter son argent par la fenêtre, à le dépenser en futilités, inconsidérément, sans mesure (1). Fréquenter les hôtels les plus luxueux, changer ses meubles inutilement, se mettre au volant des voitures les plus chères... est certainement répréhensible. Derrière ces folles dépenses se cache le désir de paraître, la convoitise ou l'ambition. C'est pourquoi il importe que Dieu, le propriétaire de tous nos biens, contrôle nos achats. Sans doute le crible divin — si nous y consentons — arrêtera-t-il bon nombre de frais et nous serons en définitive les premiers gagnants.

En réalité, les vrais gaspilleurs, de loin les plus nombreux parmi les adultes, sont rarement reconnus et dénoncés comme tels : Ce sont justement les personnes réputées « économes ». Paradoxalement, le pire des gaspillages est de thésauriser sans but précis les biens reçus de Dieu. Laisser croupir son argent dans quelque bas de laine, l'amasser seulement pour de problématiques lendemains... c'est perdre à tous les coups. Sans revenir sur le récit qui ouvre ce chapitre, songez à la récolte perdue lorsque le blé reste dans les sacs au lieu d'être jeté en terre ; pensez à ces femmes d'autrefois dites « économes » qui rangeaient amoureusement la robe neuve saupoudrée de naphtaline, conservée pour de très rares occasions. On la sortait jaunie, défraîchie, sûrement démodée et parfois immettable. Que d'héritiers, en vidant les

---

(1) N'appelons pas gaspillage, par exemple, le fait de « mettre le prix » à un costume par souci de qualité (le bon marché n'est pas toujours une bonne affaire) ; ou de payer trop cher, par ignorance, un produit qu'on aurait pu obtenir à meilleur compte ; ou de s'offrir une fois dans la vie un voyage en terre lointaine ; ou encore de viser à un certain confort qui rend la tâche plus agréable et plus facile. Dieu ne nous impose pas une existence d'ascète. On peut si aisément se complaire dans ses austérités ! Le Seigneur n'a-t-il pas fait les bonnes choses pour que nous en usions... modérément sans doute et avec bonne conscience.

armoires d'une parente défunte, on dû jeter des draps jamais utilisés, parce qu'ils se déchiraient à l'endroit des plis. Les exemples ne manquent pas.

Il vaut la peine de se persuader qu'amasser des trésors sur la terre est pire que de dépenser inconsidérément son argent. Dans une certaine mesure, le prodigue est plus sage que le cupide. Au moins, il jouit des biens qu'il vilipende et, à l'occasion, d'autres peuvent en recevoir quelques miettes. Mais l'homme qui thésaurise ne profite de rien. C'est un égoïste, un sot dont le seul plaisir est de caresser son or ou de compter ses sous. Maigre satisfaction. En tout cas, il doit s'attendre à encourir la colère du Maître. Savez-vous que les reproches les plus cinglants formulés par Jésus sont adressés au serviteur de la parabole qui avait enterré son talent (Matthieu 25.26) ?

Il est bon d'évoquer ici une scène de la vie d'Israël au désert. Tenaillé par la faim, le peuple murmure et Dieu lui accorde la manne, une nourriture excellente que chaque Israélite peut ramasser autour du camp en quantité suffisante pour sa famille. Toutefois, ordre est donné par Moïse de n'en rien laisser jusqu'au matin (Exode 16.19). Interdiction formelle d'entasser de la manne et de la garder pour le lendemain, excepté le vendredi ! A chaque jour son pain, sa nourriture. Pas plus ! Demain aura soin de lui-même. Incrédule et rebelle, le peuple désobéit et conserve de la manne. Gaspillage ! Cette précieuse nourriture devient infecte et se remplit de vers. Alors éclate la colère de Moïse et de l'Eternel !

Le Fils de Dieu est on ne peut plus clair lorsqu'il déclare devant la foule : *Ne vous amassez pas de trésors sur la terre, où les vers et la rouille détruisent et où les voleurs percent et dérobent, mais amassez des trésors dans le ciel, où ni les vers ni la rouille ne détruisent, et où les voleurs ne percent ni ne dérobent. Car là où est ton trésor, là aussi sera ton cœur* (Matthieu 6.19-21).

QUESTIONS
1. — Avez-vous le sentiment d'être de bons économes des biens que Dieu vous a confiés?
2. — Ne pourriez-vous pas renoncer à telle dépense afin de donner davantage à l'œuvre de Dieu?
3. — Possédez-vous un compte en banque bien garni qui « dort » sans destination précise? Ne craignez-vous pas de le gaspiller en le laissant plus longtemps inemployé? N'y aurait-il pas autour de vous ou dans l'église, de grands besoins à satisfaire urgemment?

QUE DISENT LES ÉCRITURES

> Toute Écriture est inspirée de Dieu et utile pour enseigner, pour convaincre, pour redresser, pour éduquer dans la justice, afin que l'homme de Dieu soit adapté et préparé à toute œuvre bonne.
> 2 Timothée 3.16,17

I — DIEU EST L'AUTEUR ET LE PROPRIÉTAIRE DE TOUTE VRAIE RICHESSE

C'est de toi que viennent la richesse et la gloire (1 Chroniques 29.12).
L'argent est à moi, et l'or est à moi, oracle de l'Eternel des armées (Aggée 2.8).
(L'argent n'est pas en soi une chose mauvaise. C'est la poursuite des richesses et l'emploi qui en est fait hors de son contrôle, que le Seigneur condamne).

II — C'EST DIEU QUI DISTRIBUE LES RICHESSES ET REND CAPABLE DE LES ACQUÉRIR

Garde-toi de dire en ton cœur : ma force et la vigueur de ma main m'ont acquis ces richesses... C'est lui (l'Eternel) *qui te donne de la force pour les acquérir* (Deutéronome 8.17,18).
Je te donnerai en outre ce que tu n'as pas demandé, aussi bien la richesse que la gloire (1 Rois 3.13).

Je lui ai prodigué de l'argent et de l'or, et ils en ont fait une offrande à Baal (Osée 2.10).
Dieu nous donne tout avec abondance (1 Timothée 6.17).

III — LEUR VALEUR

a) Les richesses sont passagères.

Tes yeux volent-ils vers la richesse? Il n'y a plus rien! Car elle se fait des ailes et comme l'aigle, elle s'envole vers le ciel (Proverbes 23.5).

b) Sans comparaison avec les biens spirituels

La grâce vaut mieux que l'argent et que l'or (Proverbes 22.1). *Mieux vaut peu, avec la crainte de l'Eternel, qu'un grand trésor, avec le désordre* (Proverbes 15.16).

c) Elles sont inutiles au jour du jugement.

La fortune ne sert à rien au jour du courroux, mais la justice délivre de la mort (Proverbes 11.4)

IV — COMMENT DIEU CONSIDÈRE-T-IL L'AMOUR DES RICHESSES?

a) La cupidité est une folie.

Mais Dieu lui dit: Insensé! Cette nuit même ton âme te sera redemandée... Il en est ainsi de celui qui accumule des trésors pour lui-même, et qui n'est pas riche pour Dieu (Luc 12.20,21).

b) La cupidité est une idolâtrie qui ferme la porte du ciel.

Sachez-le bien, aucun... cupide, c'est à dire idolâtre, n'a d'héritage dans le royaume du Christ et de Dieu. (Ephésiens 5.5).

V — L'AMOUR DES RICHESSES EST UN PÉCHÉ AUX GRAVES CONSÉQUENCES

a) La cupidité attire le jugement de Dieu.

Votre or et votre argent sont rouillés; et leur rouille s'élèvera en témoignage contre vous et dévorera votre chair comme un feu. Vous avez amassé des trésors dans ces jours qui sont les derniers (Jacques 5.3).

Ceux qui veulent s'enrichir tombent... dans une foule de désirs insensés et pernicieux, qui plongent les hommes dans la ruine et la perdition. Car l'amour de l'argent est une racine de tous les maux. (1 Timothée 6.9,10)

b) Ce péché éloigne des frères.

Maintenant, ce que je vous écris, c'est de ne pas avoir de relations avec quelqu'un qui, tout en se nommant frère, serait... cupide... ou accapareur... Expulsez le méchant du milieu de vous. (1 Corinthiens 5.11).

c) L'attachement aux richesses fait obstacle au réveil de l'église.

Apportez à la maison du trésor toute la dîme... et vous verrez si je n'ouvre pas pour vous les écluses du ciel (Malachie 3.10).

Nous vous conseillons de lire ces textes bibliques avec soin et de les méditer sous le regard de Dieu.

2ème PARTIE

DIEU

LE PREMIER SERVI

7 - L'intendant malhonnête.

8. - Le vrai propriétaire.

9. - A qui est dédiée l'offrande ?

10. - La caisse du Seigneur.

11. - Dieu d'abord.

12. - La part du Maître.

13. - Le superflu et le nécessaire.

14. - La vie par la foi.

L'INTENDANT MALHONNÊTE

Parabole de Jésus.
Luc 16, 1-14

Il y avait un homme riche qui avait un intendant, et celui-ci lui fut dénoncé comme dissipant ses biens. Il l'appela et lui dit :
— Qu'est-ce que j'entends dire de toi ? Rends compte de ton intendance, car tu ne pourras plus être mon intendant.
L'intendant se dit en lui-même : Que ferai-je, puisque mon maître m'ôte l'intendance (de ses biens) ? Piocher la terre ? Je n'en ai pas la force. Mendier ? J'en ai honte. Je sais ce que je ferai, pour qu'il y en ait qui me reçoivent dans leurs maisons, quand je serai relevé de mon intendance.
Alors il fit appeler chacun des débiteurs de son maître et dit au premier :
— Combien dois-tu à mon maître ?
— Cent mesures d'huile, répondit-il.
Et il lui dit :
— Prends ton billet, assieds-toi vite, écris : cinquante.
Il dit ensuite à un autre :
— Et toi, combien dois-tu ?
— Cent mesures de blé, répondit-il.
Et il lui dit :
— Prends ton billet et écris : Quatre-vingts.
Le maître loua l'intendant infidèle de ce qu'il avait agi en homme prudent. Car les enfants de ce siècle sont plus prudents à l'égard de leurs semblables que ne le sont les enfants de lumière.

Et moi je vous dis : Faites-vous des amis avec les richesses injustes, pour qu'ils vous reçoivent dans les tabernacles éternels, quand elles vous feront défaut. Celui qui est fidèle en peu de choses est aussi fidèle dans ce qui est important, et celui qui est injuste en peu de choses est aussi injuste dans ce qui est important. Si donc vous n'avez pas été fidèles dans les richesses injustes, qui vous confiera le (bien) véritable ? Et si vous n'avez pas été fidèles dans ce qui est à un autre, qui vous donnera ce qui est à vous ? Aucun serviteur ne peut servir deux maîtres. Car ou il haïra l'un et aimera l'autre, ou il s'attachera à l'un et méprisera l'autre. Vous ne pouvez servir Dieu et Mamon.

Les Pharisiens, qui aimaient l'argent, écoutaient tout cela et raillaient Jésus.

LE VRAI PROPRIÉTAIRE (1)

> Nous n'avons rien apporté dans ce monde
> comme il est évident
> que nous ne pouvons rien emporter.
> (1 Timothée 6.7)

Notre appartement vibre de babils joyeux car nos petits enfants sont venus nous rendre visite. Pour calmer leur exhubérance, je distribue en abondance du papier — les petits savent en consommer! — et confie une boîte de crayons de couleurs à la plus grande avec mission d'en faire bénéficier ses jeunes frères. Les chaises sont tirées et chacun s'installe bruyamment autour de la table, dans la joie. Hélas! Elle ne dure guère. Une brusque explosion de cris m'oblige à les rejoindre. Le spectacle en dit long : Les deux garçons tirent les manches de leur grande sœur laquelle, couchée sur la boîte de crayons, défend âprement ses couleurs, tel un chien qui veut sauver son os.

— Prête-moi un rouge.
— Passe-moi donc un vert!
— Ils ne sont pas à toi...
Et la sœur de s'obstiner :
— Ces crayons ne sont pas pour vous. On me les a donnés, pour moi...

---

(1) *Important :* Ne pas aborder ce chapitre sans avoir lu attentivement la parabole de l'intendant malhonnête, page précédente.

Mademoiselle ose parler en propriétaire alors que ces crayons m'appartiennent, mon désir étant que les trois puissent en user à volonté. Je tente d'intervenir mais les cris redoublent. Et parce que personne ne veut céder, à regret je dois confisquer ce qui aurait pu être un instrument de paix et de distraction pour tous. C'est dommage!

Cette histoire banale — quels parents ne l'ont vécue — me rappelle une parabole de Jésus fort étrange et dont le sens échappe à beaucoup de chrétiens. En effet, dans l'évangile selon Luc, au chapitre 16, le Sauveur donne en exemple un homme qui est loin d'être exemplaire. C'est un escroc. Il vilipende à son profit le bien d'autrui et use en propriétaire d'une fortune dont il n'est que le gérant. Découvert, destitué de son emploi, ce filou, en homme réaliste, songe à préparer son avenir. Il rend visite aux débiteurs de son maître et, pour gagner leur faveur, réduit généreusement leur dette. La sympathie de ces gens-là lui sera précieuse à l'heure de la misère. Chose étrange l'intendant opère au vu et au su de son patron ... et celui-ci trouve bon de le féliciter! Inouï!

Cet escroc peut-il donc nous être donné en exemple? Peut-on tirer un enseignement valable d'une conduite si éloignée de la ligne évangélique? Sans aucun doute puisque Jésus, l'auteur de la parabole, se permet d'en tirer un: «*Et moi je vous dis: Faites-vous des amis avec les richesses injustes, pour qu'ils vous reçoivent dans les tabernacles éternels, quand elles vous feront défaut.* (v. 9).

Et d'abord de quelles richesses s'agit-il ici? Des *biens temporels* sans aucun doute, puisque *ces richesses nous feront défaut*. L'heure sonnera inexorablement où je serai dépossédé de tout. Le dicton a raison, qui déclare: «Les chemises des morts n'ont pas de poches». Ce que confirme en plusieurs endroits les Ecritures:

Nu je suis sorti du sein de ma mère, et nu je retournerai dans le sein de la terre. (Job 1.21).

Quand un homme s'enrichit, ... il n'emporte rien en mourant. Sa fortune ne descend pas à sa suite. (Psaume 49. 17, 18).

Comme il est sorti du sein maternel, il s'en retourne nu comme il était venu. (Ecclésiaste 5.14).

Nous n'avons rien apporté dans ce monde et il est évident que nous ne pouvons rien emporter. (1 Timothée 6.7).
Que faut-il entendre par ce terme de « richesses » ? Tout ce qui constitue *mon* patrimoine et que je défends parfois âprement comme étant *ma* propriété, *mes* biens de toutes sortes à savoir *mon* argent, *mon* compte en banque, *ma* maison, *mes* champs, *mon* foyer, *ma* voiture... mais aussi *mes* talents, *mon* temps et les forces dont *je* dispose. Autant de trésors dont je dois faire bon usage.
Mais alors, pourquoi Jésus qualifie-t-il mes richesses... d'injustes ? Trois explications peuvent être retenues, la troisième étant la bonne qui éclaire la parabole :
1. — Injustes parce que INJUSTEMENT ACQUISES. Les biens que je possède ne seraient-ils pas, peu ou prou, le salaire d'une tâche négligée, le résultat d'une réclame trompeuse, le produit d'un travail mal rétribué, le fruit d'un bénéfice illicite ? Il est si facile d'être malhonnête, dans ses déclarations de revenus par exemple. Les « bonnes affaires » dont nous tirons gloire sont-elles toujours irréprochables ? L'argent que je manipule ne devrait-il pas parfois me brûler les mains ? Et puisque je ne pourrai jamais prouver que mes biens sont cent pour cent à moi, ma *juste* propriété, je consentirai sans réticence à m'en dessaisir d'une partie pour soulager quelque misère. J'accepterai aussi, sans trop me lamenter, d'être de loin en loin victime d'un vol ou d'une injustice qui me coûte un peu d'argent.
2. — Injustes encore parce que... INJUSTEMENT REPARTIES. Pourquoi M. Durand est-il encombré d'un énorme magot tandis que son voisin, Dupont, végète et reste pauvre malgré son ardeur au travail ? Pourquoi Pierre a-t-il hérité d'une immense fortune alors que Paul n'a jamais reçu des siens le moindre sou vaillant ? Oui, pourquoi ?
Quoiqu'il en soit, si le sort me favorise, j'œuvrerai pour une meilleure répartition des richesses en me montrant généreux à l'endroit des déshérités de ce monde. Et si ma bourse est désespérément plate, je me soumettrai à Dieu qui a fait le pauvre et le riche (Proverbes 22.2), sans porter envie à l'opulence.

3. — Injustes surtout parce que... INJUSTEMENT POSSEDEES. Là est la bonne explication. En effet, ces biens que je déclare «miens» en réalité ne sont pas à moi mais... A DIEU. A l'instar de l'économe infidèle, je dispose de ces richesses comme si elles m'appartenaient réellement. Sans m'en douter — mais cela n'excuse nullement ma faute — je vilipende ou thésaurise la propriété de mon Seigneur pour la satisfaction de mes désirs. Et sans me préoccuper de savoir si le divin propriétaire approuve ma façon de gérer *ses* biens! Or, que dit la Bible au sujet de *mes* prétendues richesses?
C'est de toi que viennent la richesse et la gloire. (1 Chroniques 29.12).
Tout vient de toi, et c'est de ta main que vient ce que nous te donnons. (1 Chroniques 29.14).
L'argent est à moi et l'or est à moi, oracle de l'Eternel des armées. (Aggée 2.8)
Tout est de lui, par lui et pour lui! (Romains 11.36)
Qu'as-tu que tu n'aies reçu? (1 Corinthiens 4.7)
Ces quelques citations — il y en a d'autres — ne devraient-elles pas me convaincre? Oui, ce que je possède appartient à Dieu et je n'en dispose que pour un temps, selon qu'il en a décidé (1). La preuve? Il peut m'en dépouiller quand et comme il l'entend; pour lui, liquider mon avoir est si vite fait! Une inondation, un incendie, un voleur, une dévaluation, en tout cas la mort... et tout m'est enlevé.

Puisque mes richesses *viendront un jour à me manquer,* puisque sonnera inexorablement l'heure où je serai appelé à rendre compte de l'emploi des biens reçus durant ma courte vie, il est sage que j'imite le gérant de la parabole et songe, non à l'avenir — «demain aura soin de lui-même» — mais à l'éternité. J'examinerai donc sans indulgence et à la lumière

---

(1) La troisième explication fournie plus haut éclaire la parabole. Le maître riche, c'est Dieu qui possède toutes choses. L'intendant, c'est moi qui suis tenté d'user des biens reçus d'en-haut hors du contrôle divin. Les endettés sont les pécheurs incapables de régler leur immense dette (le péché) que seul, le Christ, peut remettre entièrement.

du Saint-Esprit la façon dont j'ai usé jusqu'ici de mes richesses.

L'homme, je le sais, reste persuadé que l'argent, fruit de son labeur, est bien à lui, il n'a donc à personne de comptes à rendre, surtout pas à Dieu. Erreur profonde ! *Garde-toi de dire en ton coeur : Ma force et la vigueur de ma main m'ont acquis ces richesses... C'est l'Eternel qui te donne de la force pour les acquérir... Il laisse l'homme maître de s'en nourrir.* (Deutéronome 8. 17, 18 — Ecclésiaste 5.18). Sans l'énergie que Dieu communique, sans les compétences qu'il accorde pour mener à bien une tâche, sans les conditions (atmosphériques par exemple) qui favorisent la récolte ou permettent le succès d'une entreprise, personne ne pourrait rien acquérir. Je dois me convaincre que tout ce que je possède est don gratuit de Dieu, même si je l'ai acquis à la sueur de mon front.

Et puisque je reconnais en Dieu le propriétaire de toutes choses, j'accepte aussi le fait qu'il peut enrichir et appauvrir qui il veut (Proverbes 22.2). Il dispose de toutes richesses et les distribue selon sa sagesse. Qui lui contestera ce pouvoir ? Qui l'accusera d'injustice s'il comble Paul et donne peu à Pierre ? Cette apparente inégalité est intentionnelle. Le Seigneur s'attend à ce que Paul se montre généreux à l'égard de Pierre et son but, est de rapprocher Pierre de Paul. L'Ecriture ne dit-elle pas : *Recommande aux riches ... qu'ils fassent le bien, qu'ils soient riches en œuvres bonnes, qu'ils aient de la libéralité, de la générosité et qu'ils s'amassent ainsi un beau et solide trésor pour l'avenir.* (1 Timothée 6.17,18). C'est pourquoi, grande est l'irritation du Seigneur lorsque le riche se montre égoïste et ferme son cœur et sa bourse à l'indigent. La Bible ne manque pas de le rappeler (Jacques 5.1-6).

QUESTIONS
 1. — *Ai-je réellement compris — et accepté — que tout ce que je possède est en réalité propriété de Dieu?*
 2. — *Ne devrais-je pas laisser le Saint-Esprit examiner ma façon de gérer mon argent? Mon temps et mes dons lui sont-ils consacrés?*
 3. — *Ne devrais-je pas m'humilier d'avoir si longtemps gaspillé ou thésaurisé inutilement des biens qui ne m'appartiennent pas vraiment? En tout cas, je veux bénir le Seigneur qui a pourvu fidèlement à mes besoins.*

A QUI
EST DÉDIÉE
L'OFFRANDE ?

> Les enfants d'Israël présenteront
> leurs offrandes à l'Eternel
> Nombres 18.24

Lorsqu'une offrande est annoncée dans l'église, il m'intéresse vivement de savoir A QUI ou A QUOI elle est destinée. Si l'affectation de la somme récoltée est indiquée en général, on précise : *Pour* l'église (des enveloppes portant cette mention peuvent être distribuées à cet effet), ou encore... *pour* la mission, *pour* le visiteur de passage, pour l'entretien des locaux, *pour* l'achat du fuel ou du charbon, *pour* couvrir les frais de salle et de publicité engagés durant un effort spécial d'évangélisation... Rarement ou trop rarement le fidèle est invité à donner tout simplement A DIEU. Et ceci explique en partie pourquoi la plupart des appels de fonds se veulent discrets et sont formulés timidement, avec une certaine gêne. Certes il est toujours désagréable de parler d'argent sans faire croire aux gens qu'on en veut à leur porte-monnaie. Le chrétien n'a rien d'un contribuable tenu de participer aux dépenses de l'armée, de l'éducation nationale ou à l'entretien des routes. Le Créateur n'est-il pas le divin propriétaire de nos biens ? Alors pourquoi ne pas consacrer nos libéralités *à lui d'abord* afin de l'honorer et de lui témoigner avec joie notre reconnaissance ?

Savez-vous que dans l'Ancienne Alliance toute dîme et

tout sacrifice étaient au préalable offerts et présentés au Seigneur qui déclare : *Je DONNE comme héritage aux lévites les dîmes que les Israélites PRELEVERONT POUR L'ETERNEL.* (Nombres 18.24). Sans doute, Paul a-t-il annoncé à ses frères une « collecte en faveur des saints » (1 Corinthiens 16.1) mais avec la recommandation expresse de la préparer chez soi et à l'avance, c'est-à-dire devant Dieu, dans la prière.

Ne manquez pas de noter ce principe biblique de première importance : Israël *donne à l'Eternel,* « en son honneur ». Et de son côté l'*Eternel donne* à ses serviteurs les lévites, les richesses qui sont apportées au Temple. Si bien que le lévite ne *doit rien* à l'Israëlite mais à Dieu seul, tandis que le peuple *offre à Dieu* une partie de ses biens sans pour autant faire l'aumône à ses prêtres. Ainsi, nul ne peut se prévaloir de ses largesses et faire du sacrificateur son obligé. L'Israélite ne pourra pas se plaindre en disant : « Ce lévite vit à mes crochets. J'en ai assez de l'entretenir : »... ni le sacrificateur murmurer : « Je suis las d'être le débiteur du peuple et mal à l'aise de vivre aux dépens de gens qui triment et sont parfois démunis ».

Telle n'est pas l'intention de Dieu qui déclare : *Tu te réjouiras avec le lévite et l'immigrant qui sera au milieu de toi, pour tous les biens que l'Eternel ton Dieu t'a donnés, à toi et à ta maison.* (Deutéronome 26.11). En fin de compte, *le vrai et seul donateur, c'est Dieu.* Il pourvoit aux besoins de son peuple tout en nourrissant ceux qui le servent. Ces derniers, entièrement consacrés au Seigneur, pourront pleinement se vouer à leur mission sans s'inquiéter de leurs moyens d'existence.

En définitive, Dieu me comble afin qu'en retour je lui donne... beaucoup. *On ne paraîtra point devant l'Eternel les mains vides* (en particulier lors des fêtes à Jérusalem). *Chacun donnera ce qu'il pourra, selon la bénédiction que l'Eternel ton Dieu, lui aura accordée.* (Deutéronome 16.16,17).

Précieuse leçon !

C'est pourquoi, au lieu de dire en mettant la main à la poche : « Je donne à mon pasteur... à mon église... à la mission... » je me persuaderai d'abord que mon offrande est destinée au Seigneur lui-même. Cette notion me gardera de toute arrière-pensée et surtout de toute mesquinerie. Ma libéralité ne sera pas fonction des dépenses de l'église ou du nombre d'appels financiers qui y retentiront mais plutôt «selon les bénédictions que Dieu m'a accordées».

Le fait d'apporter son offrande au Seigneur pour la partager et la consommer avec le lévite «devant l'Eternel» dans le parvis du Temple à Jérusalem, développait chez le donateur *«la crainte de l'Eternel»* ainsi que le souligne l'Ecriture : *« Tu lèveras la dîme... tu mangeras devant l'Eternel ton Dieu, dans le lieu qu'il choisira pour y faire demeurer son nom, la dîme et les premiers-nés de ton gros et de ton menu bétail afin que tu apprennes à craindre toujours l'Eternel ton Dieu.* (Deutéronome 14.23).

Qui apportait son offrande à Dieu — lucidement — était amené à rentrer en lui-même, à s'examiner avec sérieux d'autant plus qu'il était au pied du sanctuaire, cet édifice imposant évoquant la gloire du Créateur. Alors pénétré de la majesté divine, il pouvait se demander si son geste honorait vraiment son Seigneur, lui était agréable, ou au contraire n'était qu'un acte d'avarice susceptible de l'attrister, voire de l'irriter. Donne-t-on n'importe quoi à un grand de ce monde ? Et à plus forte raison au Roi des rois qui les dépasse tous, infiniment ?

Alors, vais-je déposer dans le tronc la première pièce qui me tombe sous la main comme je donnerais un pourboire à mon facteur ? Non ! Donner est un acte important si je considère A QUI est destinée mon offrande. Offrir A DIEU c'est apprendre à le craindre ; c'est loin d'être le cas si je donne à l'église ou à la mission.

*
* *

Offrir à Dieu est un privilège, une faveur insigne, une grâce même, si j'en crois l'apôtre Paul : *Ils* (les Macédoniens) *nous ont demandé avec beaucoup d'insistance la grâce de participer à ce service en faveur des saints.* (2 Corinthiens 8.4).

Etonnant! Le monde renversé! C'est le donateur qui supplie! Où sont les traces de mendicité dans l'Eglise? Quelle atmosphère claire et tonique! On ne recherche pas des ressources, mais au contraire, on guette les occasions de donner. L'offrande est un privilège. Autant dire, un besoin incoercible. Le chrétien peut délier sa bourse avec joie (2 Corinthiens 9.7), honoré qu'il est de faire un présent à son Dieu.

Offrir à Dieu est un acte de consécration : *Ils se sont d'abord donnés eux-mêmes au Seigneur et ensuite à nous.* (2 Corinthiens 8.5.). «Donner de l'argent à ses vieux parents sans leur donner son affection fidèle est une vilénie. Donner de l'argent à Dieu — peu ou beaucoup — sans lui donner sa vie, est une moquerie. Il n'est pas un pauvre pour qu'on lui fasse la charité; il est un Père et un Dieu qui ne saurait accepter que le don de nous-mêmes. Tout ou rien pour Dieu» (tiré de *« L'argent dans l'Eglise »* du pasteur Desbaumes).

Que nos offrandes honorent notre Seigneur.

QUESTIONS
1. — Lorsque vous remettez votre offrande, avez-vous réellement le sentiment de l'apporter à Dieu? A qui ou à quoi avez-vous destiné vos dons dans le passé?
2. — En donnant au Seigneur, étiez-vous conscient de sa grandeur et de ses largesses à votre égard? Vos offrandes étaient-elles plutôt mesquines? Acceptez-vous de réfléchir sur votre comportement passé?
— Bénissez le Seigneur qui s'est montré patient à votre égard et qui désire par dessus tout que vous vous donniez pleinement à lui.

---

(1) Dans les chapîtres 1 à 7 du Lévitique, les expressions «Devant l'Eternel» ou «Offerts à l'Eternel» sont souvent répétées. Soulignez-les dans votre Bible.

LA CAISSE DU SEIGNEUR

> Que chacun donne comme il l'a résolu en son cœur,
> sans tristesse ni contrainte ;
> car Dieu aime celui qui donne avec joie.
> 2 Corinthiens 9.7

L'apôtre Paul a entrepris une vaste collecte en faveur des chrétiens pauvres de Judée (Romains 15.26) et, parce qu'il doit se rendre prochainement à Corinthe, il donne des instructions à ses enfants spirituels qu'il sait désireux de participer à son action de solidarité : *Que chacun de vous, le premier jour de la semaine, mette à part chez lui ce qu'il pourra selon ses moyens, afin qu'on n'attende pas mon arrivée pour faire les collectes* (1 Corinthiens 16.2).

Bien qu'il s'agisse ici d'une collecte tout-à-fait exceptionnelle s'ajoutant sans doute aux offrandes régulières apportées à l'église (1), cet ordre contient un précieux enseignement relatif à la pratique de la libéralité.

---

(1) Sans doute faut-il faire ici la distinction entre une offrande et une collecte. L'offrande, destinée à Dieu, lui est apportée *spontanément* tandis que la collecte (ou quête) est *sollicitée* en vue d'un besoin précis. Dans l'A.T. le terme de sacrifice désigne plus particulièrement l'immolation d'animaux ; celui d'offrande comporte davantage l'idée d'un don fait à l'Eternel et s'applique spécialement aux oblations non sanglantes (Lévitique 2.1 — L'offrande de farine, les dîmes, les prémices, les libations de vin...).

Que chacun de vous.....Personne n'est donc dispensé de verser son offrande.
Chez lui..... L'offrande est préparée à l'avance, lucidement calculée, hors de toute sollicitation.
Mette à part..... Expression qui suppose l'existence d'une caisse spéciale dont le contenu est entièrement destiné au Seigneur.
Le premier jour de la semaine..... Dieu premier servi et régulièrement.
Volontairement..... (Selon 2 Cor. 8.3). Le don n'est pas imposé
Selon ses moyens..... Donc en fonction des ressources du foyer.

*
* *

CHACUN DE VOUS

La libéralité n'est pas, comme certains le croient, l'affaire du riche ou des chrétiens particulièrement consacrés. Non. Elle est le privilège de tout enfant de Dieu. Nul n'est dispensé de verser son offrande : *Il n'y a pas de distinction.*

Suis-je *un enfant,* un adolescent, un jeune homme encore aux études ? Alors, pourquoi ne pas prélever la part de Dieu sur mon argent de poche ? Et si cela m'est possible, durant les vacances, je proposerai mes services autour de moi pour gagner un peu d'argent afin de donner davantage (les pères devraient se préoccuper d'enseigner leurs enfants au sujet de l'offrande).

Suis-je *un serviteur de Dieu* au salaire minimum ? Je me souviendrai que le lévite donnait *la dîme de la dîme* (Nombres 18.26-29). Comme lui, j'apporterai régulièrement mon offrande au Seigneur qui pourvoit si fidèlement à tous mes besoins.

Suis-je *une personne âgée ?* Il me sera certainement possible de retenir sur ma modeste pension la somme que je destine au Seigneur.

Suis-je une *épouse* dont le mari n'est pas chrétien? Ma situation est sans doute délicate. Cependant, avec l'accord de mon conjoint, je m'efforcerai de verser régulièrement une offrande à Dieu, si petite soit-elle. Si je dispose de fonds personnels ou reçois un salaire, j'aurai toute liberté de calculer ce que je veux consacrer à mon Maître.

Suis-je présentement *dans une pauvreté extrême?* Par exemple, une veuve démunie, chargée de famille? Je me souviendrai de la pite de la veuve (Marc 12.41) ou du geste de la femme de Sarepta qui consentit à donner jusqu'à sa dernière goutte d'huile pour nourrir un prophète. En retour, elle reçut l'abondance pour le reste de sa vie (1 Rois 17.8-24).

Je dois me persuader que Dieu ne considère pas tant l'importance de la somme que je lui consacre mais plutôt celle que je garde pour moi et dont, peut-être, je le spolie. Jésus le laisse entendre lorsqu'il observe le geste de la veuve : Cette pauvre femme a donné plus que tous ceux qui ont mis dans le tronc car tous les autres ont donné de leur superflu ; mais celle-ci a donné de son nécessaire tout ce qu'elle avait pour vivre » (Marc 12.43).

*
* *

CHEZ LUI

Pourquoi ce détail qui risque de passer inaperçu?
Deux raisons au moins justifient cette recommandation :
a) D'abord il importe que l'offrande soit *prélevée librement,* en dehors de toute pression psychologique.

Imaginez la venue dans votre église, à un mois d'intervalle, de deux missionnaires pareillement consacrés et œuvrant dans des pays différents. Le premier est pétillant de santé. Sa voix est chaleureuse. Il rend compte avec enthousiasme de son activité, rapportant des faits bouleversants qu'il agrémente de diapositives saisissantes.

Le deuxième missionnaire est un homme épuisé, fragile de

santé, à bout de souffle. Il a travaillé durant de longues années sous un climat débilitant, au sein de peuplades hostiles fermées à l'Evangile. Sa voix est monotone, cassée, à peine audible. Pas de diapositives ni d'histoires sensationnelles pour enrichir son exposé. Des échecs et des problèmes sans nombre ont été son partage. Et malgré le zèle déployé et la passion des âmes qui l'anime, cet ouvrier fidèle n'a récolté que de rares fruits dont il n'ose parler.

Qui, de ces deux hommes, empochera pour la mission la plus belle collecte? Le premier, sans conteste. Bouleversé par son exposé riche de faits merveilleux, l'auditoire ému ouvrira volontiers son porte-monnaie... Quant au deuxième, il se contentera de la portion congrue, lui qui aurait tant besoin d'encouragement. Il recevra juste de quoi couvrir les frais de son déplacement.

C'est connu, le chrétien agit souvent selon ses états d'âme. Il se montrera d'autant plus généreux qu'il sera ému ou culpabilisé après un appel vibrant. Or, je dois rester libre et ne jamais céder à une quelconque sollicitation sous le coup de l'émotion. Même dans l'assemblée, la façon dont est recueillie l'offrande peut m'influencer et donc modifier mon comportement (surtout si l'argent est déposé sur un plateau aux regards de chacun). C'est pourquoi l'apôtre juge bon de préciser: *Que chacun donne comme il l'a résolu en son cœur, sans tristesse ni contrainte.* (2 Corinthiens 9.7).

b) Il est préférable de préparer l'offrande chez soi pour un autre motif aussi important. A la maison je peux évaluer en toute tranquillité et devant le Seigneur la somme que je lui consacre. Vous est-il arrivé, comme à moi, de fouiller vos poches au moment de la collecte, cherchant fébrilement un billet ou une pièce tandis que le conseiller de paroisse, chargé de la quête, tient la sacoche à bout de bras, devant vous, attendant sans broncher que vous ayez remis votre don?

Surtout, pas de cela! L'offrande, répétons-le, se prépare à la maison en toute sérénité et avec prière. Si j'ai pris soin de mettre de côté à l'avance la part du Seigneur, il me sera aisé d'y puiser largement et sans regret: *Dieu aime celui qui donne avec joie* (2 Corinthiens 9.7).

QUESTIONS

1. — *Etes-vous de ceux qui attendent d'être à l'église pour donner, un peu au hasard, les pièces ou les billets qui leur tombent sous la main lorsqu'ils ouvrent leur porte-monnaie au moment de l'offrande ?*

2. — *Ne croyez-vous pas qu'il est bon de suivre le conseil de l'apôtre en préparant à la maison la somme destinée au Seigneur ?*

3. — *En accord avec votre conjoint, accepteriez-vous de calculer la veille le montant de l'offrande que vous apporterez le lendemain à l'église ?*

DIEU
D'ABORD

> Que chacun de vous,
> le premier jour de la semaine,
> mette à part chez lui
> ce qu'il pourra selon ses moyens,
> afin qu'on n'attende pas mon arrivée
> pour faire les collectes.
> 1 Corinthiens 16.2

METTEZ A PART
ce que vous pourrez.

C'est le troisième conseil de l'apôtre. D'ordinaire, l'enfant de Dieu tire de sa bourse la somme qu'il déposera dans le tronc de l'église à l'issue du culte ou d'une réunion spéciale. Cette façon d'opérer n'est pas la meilleure et cela pour deux raisons : D'une part, le fidèle ne sait jamais au bout du mois ou de l'année quelle part de ses ressources il a consacrée au Seigneur. D'autre part, il ne s'habitue guère à verser des sommes importantes ; c'est presque à regret, comme s'il faisait un grand sacrifice, qu'il se sépare des « gros billets ».

Paul est sage, qui conseille plutôt de mettre de côté l'argent du Seigneur. L'expression suppose l'existence d'*une autre caisse,* distincte de la nôtre. C'est celle de Dieu dans laquelle je puiserai les offrandes destinées à l'église ou les dons que je virerai à l'œuvre que je soutiens. Cette caisse sera périodiquement et régulièrement alimentée par les sommes que j'aurai «*résolu dans mon cœur*» d'y verser. Ainsi je réjouirai le cœur de Dieu : Mon argent, mieux employé, sera également plus largement offert.

*
* *

LE PREMIER JOUR DE LA SEMAINE

Les sommes mises à part pour Dieu seront calculées — nous le verrons plus loin — en fonction des biens matériels dont je dispose. Le sont-elles comme le laissent entendre certaines traductions « en proportion de ce que j'aurai épargné » ? Il faudrait alors attendre les fins de semaine ou les fins de mois pour évaluer et retirer les sommes à verser dans la caisse du Seigneur. Si tel était le cas, les gens dépensiers n'auraient jamais l'occasion d'offrir quoi que ce soit à leur Maître. Non ! La part du Seigneur doit être prélevée le *premier jour de la semaine,* c'est-à-dire avant d'entamer mon salaire ou mes émoluments, (ce qui ne m'empêchera pas d'établir avec soin mon budget). L'Ancien Testament va dans ce sens lorsqu'il rappelle que « les prémices » (les premiers fruits) appartiennent à l'Eternel et doivent lui être apportées. *Dieu le premier servi :* Telle doit être la règle dans tous les domaines. Le fait de penser d'abord au Seigneur place toute action à son niveau le plus élevé, car elle exige la foi.

VOLONTAIREMENT

L'enfant d'Israël observateur de la Loi se devait d'apporter ses dîmes au trésor de l'Eternel. Manquer à ce devoir constituait un vol : *Vous me frustrez sur la dîme et le prélèvement* - les offrandes (Malachie 3.8). Or, nulle part dans le Nouveau Testament se trouve l'ordre de consacrer à Dieu la dixième partie de nos revenus. Le chrétien est affranchi de la Loi

(Romains 6.14), et maintenant, quiconque s'obligerait à mettre en pratique un seul de ses articles, en particulier celui relatif aux diverses dîmes et offrandes, serait alors tenu d'observer la Loi tout entière, (donc de pratiquer la circoncision par exemple, Galates 5.3).
C'est pour la liberté que Christ nous a libérés. Demeurez donc fermes, et ne vous remettez pas de nouveau sous le joug de l'esclavage. (Galates 5.1). Voilà qui est clair : Affranchi de la Loi, je suis donc libre quant à cette loi. Libre de donner la dîme si tel est mon désir ou libre de ne rien donner du tout. L'apôtre Pierre ne déclarait-il pas à Ananias qu'il pouvait légitimement garder pour lui son champ ou la totalité de sa valeur? Rien ne l'obligeait à apporter la moindre somme à l'église (Actes 5.4) En d'autres termes, le chrétien n'est nullement tenu de verser quoi que ce soit dans la caisse du Seigneur car celui-ci ne s'accommode pas d'une générosité imposée («sans contrainte», précise 2 Corinthiens 9.7). C'est à chacun de déterminer librement ce qu'il veut consacrer à son Maître.

Cependant, le fait d'être aujourd'hui sous la grâce ne doit pas devenir un prétexte pour donner peu ou moins que la dîme. Ce serait oublier que les lois du Royaume nous entraînent au-delà de la loi de Moïse (Matthieu 5.20). Pour vous en convaincre relisez attentivement le Sermon sur la montagne en soulignant les *mais moi je vous dis* du chapitre cinq du premier évangile.

Je sais! On peut se montrer généreux en versant 5 % et avare en apportant à Dieu 10 %, voire 15 % de ses revenus. Toutefois, qui ne donne rien ou peu au Seigneur de gloire est loin d'être un homme libre. Esclave de son argent, il se révèle ingrat à l'égard de son Maître, indifférent à l'avancement de son règne et guère sensible à la détresse d'autrui.

Dans la Nouvelle Alliance, *la pratique de la dîme est remplacée par le principe de gérance.* Dieu, avons-nous dit, est le propriétaire de tout. Je lui appartiens, moi et mes biens. Aussi, en bon intendant, dois-je m'appliquer à faire un bon usage des fonds qu'il m'a confiés. Je veux lui être agréable sur le plan matériel comme en tout autre domaine.

Qui aime vraiment son Seigneur cherchera, avec prière, comment utiliser son argent le plus judicieusement possible.

QUESTIONS
1. — Est-ce dans votre habitude de mettre à part les sommes que vous destinez au Seigneur ? Si oui, depuis combien de temps ? Cette pratique a-t-elle été pour vous un sujet de joie : La joie de donner ?
2. — Que pensez-vous de l'existence d'une caisse distincte de la vôtre — celle du Seigneur — pour y déposer l'argent que vous souhaitez lui consacrer ?
3. — Etes-vous résolu à suivre le conseil de l'apôtre (1 Corinthiens 16.2) en acceptant de déposer désormais votre offrande dans la caisse du Seigneur au début du mois ou de la semaine (donc avant d'entamer votre salaire) ?
Bénissez Dieu pour ses largesses à votre égard.

LA PART DU SEIGNEUR

> Leur joie débordante et leur pauvreté profonde ont produit avec abondance de riches libéralités; selon leurs possibilités, je l'atteste, et, même au-delà de leurs possibilités, de leur plein gré... ils se sont d'abord donnés eux-mêmes au Seigneur...
> 2 Corinthiens 8.3,5

SELON SES MOYENS

En recommandant à ses lecteurs de mettre à part pour Dieu *ce qu'ils pourront* l'apôtre se révèle sage, lui qui juge utile de les rassurer ainsi : *Les bonnes dispositions, quand elles existent, sont agréables* (à Dieu) *en raison de ce qu'on a, mais non de ce qu'on n'a pas. Car il s'agit, non de vous exposer à la détresse pour le soulagement des autres, mais de suivre une règle d'égalité...* (2 Corinthiens 8.12,13). Autrement dit, pour plaire à Dieu, il n'est pas question de tout donner ni de s'appauvrir et encore moins « de se mettre sur la paille » afin de secourir son prochain. Certes non, mais il paraît raisonnable de « s'asseoir pour calculer la dépense », c'est-à-dire d'établir son budget pour décider lucidement et sans regret du montant de la somme que je tiens à consacrer au Seigneur, question qui sera abordée dans le chapitre suivant. Quoiqu'il en soit, si j'aime vraiment mon Sauveur et suis préoccupé de son règne, je ne lésinerai pas sur mes offrandes. Je prélèverai régulièrement, avec joie et selon mes ressources, une somme que je souhaiterai aussi importante que possible.

Mais l'essentiel est de passer aux actes, si ce n'est déjà fait.

L'apôtre Paul savait fort bien que la bonne volonté ne suffit pas. Elle peut être sans lendemain, aussi écrivait-il à ses frères de Corinthe plutôt négligents : « Maintenant, passez aux actes afin que vous réalisiez ce que vous avez décidé avec empressement » (2 Corinthiens 8.11).

Eprouvez-vous quelque hésitation à prélever sur vos mensualités un pourcentage d'une certaine importance ? Pourquoi ne pas passer à l'acte ? Je recevais dernièrement les confidences d'un couple chrétien éprouvant beaucoup de peine à joindre les deux bouts. Divorcés de part et d'autre puis remariés, ces époux devaient régler des pensions alimentaires élevées pour les enfants issus du premier mariage et dont la garde était confiée à leur premier conjoint. Que faire lorsque de telles ponctions réduisent considérablement le petit salaire du mari, lequel m'avouait avec regret : « Prélever la dîme sur mes mensualités, c'est plus que nous ne pouvons faire ». Je le rassurai en lui rappelant le « ce qu'il pourra » de l'Ecriture et la nécessité d'établir son budget (1).

Si vous hésitez à passez aux actes, commencez modestement en donnant 3, 5 ou 8 % et en disant à Dieu vos craintes à ce sujet ; il faut jouer franc-jeu avec lui. Toutefois, si je tiens à me montrer plus généreux que l'observateur de la Loi de jadis, je pousserai jusqu'à 11, 15 % et davantage peut-être (Il est préférable, me semble-t-il, de ne pas verser exactement 10 %, c'est-à-dire la dîme imposée dans l'Ancienne Alliance, afin de ne pas éprouver le sentiment de légaliser, désagréable pour qui veut être affranchi de la Loi).

Pourquoi ne pas vous décider *maintenant* à agir, vous qui lisez ces lignes ? Quel pourcentage de vos émoluments paraît le mieux convenir à votre situation ? Ne dites pas : « C'est impossible » ! *Tentez l'expérience.* Faites ce pas de la foi qui vous procurera des joies insoupçonnées et aura certainement des incidences sur votre vie spirituelle. Sans doute serez-vous

---

(1) Tel chrétien co-propriétaire doit prélever une somme importante pour régler le ravalement imposé de son immeuble. Tel autre, éprouvé dans sa santé, doit faire face à des dépenses imprévues...

conduit à réduire vos dépenses, à fixer plus scrupuleusement vos choix pour éliminer le futile ou détecter l'inutile, pour différer des achats qui n'ont rien d'urgent ou ne s'imposent pas présentement.

Pour vous stimuler à passer aux actes, n'oubliez pas que l'ordre donné par l'Esprit Saint sous la plume de Paul n'est pas seulement adressé à tel ou tel frère bien installé dans la vie mais *à chacun*. Donc à vous d'abord, que vous soyez riche ou pauvre, jeune dans la foi ou chrétien de longue date.

TÉMOIGNAGES

Georges Muller, le fondateur bien connu des orphelinats de Bristol, homme de foi s'il en fut, conseillait ce qui suit : « En ce qui concerne le montant de ce que nous donnerons, aucune règle ne peut être imposée car chacun doit le fixer lui-même, non dans un esprit légaliste, mais par amour et gratitude à l'égard du Christ qui mourut pour nous. Dieu veut nous voir agir dans un sentiment filial et comme pressés par l'amour de Jésus. C'est pourquoi il ne donne pas de commandement précis sur ce point à ceux auxquels il a tout pardonné, ses héritiers, co-héritiers du Christ... Quant à moi, je ne souhaite autre chose que de demeurer continuellement devant Dieu avec tout ce que je possède en lui disant : « Seigneur, tout ce que j'ai est à toi ; uses-en selon ton plaisir ».

Si cependant, ajoute Georges Muller, vous objectez : « Je ne puis en faire autant », je répondrai : « Faites ce que vous pouvez ; donnez telle fraction de vos ressources selon votre degré de lumière et de grâce, seulement *fixez le minimum* de ce que vous pensez mettre à part et donnez-le *régulièrement*.

Puis, à mesure que Dieu vous éclairera et selon qu'il vous fera prospérer, donnez davantage... Le minimum fixé au premier abord peut être continuellement dépassé mais il est bon de le fixer, de peur que vous ne donniez rien ou presque rien : Sachez-le, *celui qui sème peu moissonnera peu, et celui qui sème en abondance moissonnera en abondance* (2 Corinthiens 9.6)... »

J'ai sous les yeux une brochure excellente du passé (signée R.A.L.) intitulée : *Donnons à Dieu joyeusement et sans regret*. Voici l'expérience faite par son auteur :
1er février 1904
Agé de dix-huit ans, j'ai décidé de donner au Seigneur le *dixième* de mon salaire.
12 février 1906
Avant que l'argent ne prenne possession de mon cœur, je veux, avec le secours d'En-haut aller jusqu'à *25 %* de mon salaire.
Septembre 1910
Agé de vingt cinq ans, je désire donner *50 %* de tout ce que je gagne.
1955
Maintenant, à 70 ans, je puis témoigner que le Seigneur a dépassé mon attente et m'a accordé en bénédictions spirituelles et matérielles le centuple de ce que j'ai pu lui donner. Il m'a béni bien au-delà de ce que j'aurais pu imaginer lorsque, jeune homme, je décidai de donner une portion bien définie de mon salaire.

CONCLUSION

Après de tels témoignages, il me paraît utile de renouveler un conseil et de terminer ce chapitre par une promesse de Dieu.

Conseil : *N'attendez pas* d'être bien disposé ou en mesure de donner 5, 10, 15 ou 20 % de votre salaire, mais *commencez* aujourd'hui même à fixer *le minimum* que vous allez verser *régulièrement* dans la caisse du Seigneur. Oui, tentez l'expérience : elle en vaut la peine !

Promesse : *Dieu a le pouvoir de vous combler de toutes sortes de grâces, afin que, possédant toujours à tous égards de quoi satisfaire à tous vos besoins, vous ayez encore en abondance pour toute bonne œuvre.* (2 Corinthiens 9.8).

QUESTIONS

1. — Donnez-vous à Dieu une portion bien définie de vos ressources? Si oui, le faites-vous régulièrement? Si non, êtes-vous résolu à mettre à part, mois après mois, une somme déterminée, prélevée sur votre revenu?

2. — Toujours en accord avec votre conjoint si vous êtes marié, voulez-vous décider quel pourcentage de vos ressources vous allez consacrer à votre Seigneur? Si votre conjoint est incroyant, demandez à Dieu toute sagesse pour discerner comment et combien vous pouvez donner librement.

— Relisez la promesse qui termine ce chapitre et bénissez Celui qui donne sans mesure. **Grâces soient rendues à Dieu pour son don ineffable.** *(2 Corinthiens 9.15).*

LE SUPERFLU ET LE NÉCESSAIRE

> Votre abondance pourvoira à leur indigence.
> 2 Corinthiens 8.13

En évoquant mon enfance, je revois un vieux serviteur de Dieu, homme généreux mais certainement peu réaliste. Dans ses périodes de ferveur, il se persuadait qu'il devait tout donner et s'attendre à Dieu seul. Alors, il s'empressait d'aller verser dans le tronc la totalité de son salaire reçu quelques jours auparavant. Averti de cet excès, le trésorier (1) se hâtait de rapporter à l'épouse démunie la liasse de billets trouvée au fond de la boîte et dont la provenance ne faisait aucun doute. Ainsi ce brave homme vivait-il dans l'illusion qu'en donnant tout au Seigneur, sa famille cependant ne manquait jamais du nécessaire !

*
* *

Une question se pose à l'esprit de beaucoup : le croyant doit-il tout donner ? Dieu exigerait-il de ses enfants ce qu'il a ordonné au jeune homme riche : *Vends ce que tu possèdes, donne-le aux pauvres, et tu auras un trésor dans les cieux. Puis viens, et suis-moi* (Marc 10.21).

---

(1) C'est lui qui m'a rapporté le fait.

Devons-nous imiter à la lettre les premiers chrétiens qui *vendaient leurs biens et leurs possessions et ils en partageaient le produit entre tous* (Actes 2.45) chacun allant jusqu'à déclarer que *ses biens ne lui appartenaient pas en propre, mais tout était en commun entre eux.* (Actes 4.32).

Faut-il, comme la veuve citée en exemple par le Christ, verser dans le tronc jusqu'à la dernière pite de son nécessaire (Marc 12.41) ?

Est-il contraire à l'Ecriture de déposer des sommes à la banque ou à la Caisse d'épargne sachant que Jésus a recommandé : *Ne vous amassez pas de trésors sur la terre* (Matthieu 6.19) ?

En un mot, le croyant est-il tenu de conserver sa caisse vide pour réaliser point par point ce qui précède ? Ne devrait-il pas et avec bonne conscience, garder au moins «une poire pour la soif», c'est-à-dire amasser un certain pécule pour assurer sa vieillesse ou prévenir d'éventuels coups durs ? Bref, n'y aurait-il pas une limite à la générosité ?

Sans doute !

Justement à ce sujet, l'apôtre écrivait à ses lecteurs de Corinthe : «Il s'agit, non de vous exposer à la détresse pour le soulagement des autres, mais de suivre une règle d'égalité. En ce moment vous êtes dans l'abondance et vous pouvez par conséquent utiliser votre *superflu* pour venir en aide à ceux qui sont présentement dans le besoin. Et puis, si vous êtes un jour démunis et eux dans l'abondance, ils pourront à leur tour vous secourir. C'est ainsi qu'il y aura égalité conformément à ce que déclare l'Ecriture : *Celui qui avait beaucoup n'avait rien de trop et celui qui avait peu ne manquait de rien»* (voyez 2 Corinthiens 8.13-15).

Le SUPERFLU ! Voilà ce qui doit être déposé à «la banque du ciel» ou si vous préférez, ce dont il faut se dessaisir et qu'il convient de donner pour alimenter l'œuvre de Dieu ou venir en aide aux gens dans la peine (en priorité dans la famille ou dans l'église). L'économe de la parabole souvent citée (Luc 16), coupable d'avoir vilipendé le bien de son maître, recevait un salaire qu'il pouvait librement et légitimement employer pour ses besoins personnels et ceux des siens. C'est le NECESSAIRE dont chacun disposera avec bonne conscience. Se mettre sur la paille, comme nous l'avons dit, pour obliger les autres à nous sortir d'affaire serait déraisonnable et le diable ne manquerait pas d'en faire des gorges chaudes.

Mais alors, qu'est-ce que le *nécessaire* ? Paul le définit comme étant ce qui nous habille et nous rassasie dans le temps présent : *Si donc nous avons la nourriture et le vêtement, cela nous suffira* (1 Timothée 6.8). Quant au *superflu* c'est, selon l'apôtre, tout ce qui reste, ce qui est en plus du nécessaire et qu'il faut se garder de thésauriser.

Cette définition peut paraître excessive à l'homme d'aujourd'hui dont les besoins sont multiples. La vie moderne — à moins qu'on ne vive tel un ermite au fond d'une caverne — a d'autres exigences auxquelles on ne peut guère se dérober. En effet, il incombe à chacun d'assurer la bonne marche de son entreprise ou de son exploitation agricole, de régler sans défaillance le loyer mensuel ou les impôts en fin d'année, de faire face à d'inévitables échéances ou frais (la pension des enfants aux études, les secours versés à des parents âgés, l'appartement à rénover, le fuel à stocker avant l'hiver, des vacances coûteuses...). Que de dépenses en perspective ! Et pourtant, toutes ces ponctions ne devraient pas empêcher le chef de famille de discerner le superflu qu'il fera servir à l'avancement du règne de Dieu.

Isabelle Rivière, la sœur d'Alain Fournier, a écrit un livre excellent malheureusement épuisé. Son titre, *Sur le devoir d'imprévoyance* est suggestif. L'auteur recommande de ne pas amasser les richesses qui passent, et surtout de ne pas s'inquiéter du lendemain. « Le boulanger ne fait pas des fournées d'un mois ni d'une année ; il sait qu'il cuira de nouveau, tranquillement demain matin... ». N'est-ce pas l'un des thèmes du Sermon sur la montagne ? Parlant justement du pain, cet aliment de première nécessité, le Christ conseille à ses auditeurs de prier ainsi le Père : *Donne-nous aujourd'hui notre pain quotidien* (Matthieu 6.11). Autrement dit, c'est le pain d'aujourd'hui que nous réclamons sans ajouter cependant : « Garantis-nous ce pain jusqu'à la fin de nos jours». Demain aura soin de lui-même. Telle est l'affirmation du Maître.

Il est vrai que Jésus a également conseillé de «s'asseoir pour calculer la dépense» avant d'agir (Luc 14.28). Il y a, répétons-le, d'inévitables échéances qu'il faut honorer. Jadis, recommandation était faite à l'Israélite au désert de ne pas ramasser de manne un jour pour l'autre. Conservée jusqu'au lendemain, elle devenait immangeable (Exode 16.20). Toutefois, le vendredi, ordre était donné d'en amasser une double portion, donc de prévoir de la nourriture pour le lendemain, jour du repos. Tout enfant de Dieu ne devrait-il pas être, à l'instar du Juif au désert, un *imprévoyant*... *qui prévoit* les justes dépenses auxquelles il ne peut échapper.

Compte tenu de ces remarques, nous pourrions vous suggérer (mais ce n'est pas une règle) de faire, après réflexion et prière, quatre parts de votre revenu, inégales, et compte tenu de la situation actuelle :

Première part: Celle du Seigneur, prélevée à l'avance.

Deuxième part: La vôtre, destinée aux besoins légitimes de toute la famille. Nourrir, loger, vêtir décemment, éduquer les siens, etc, est selon la pensée du Seigneur.

Troisième part: Elle sera consacrée à la bonne marche de votre entreprise et couvrira vos frais d'ordre professionnel. Cet argent sera également destiné à régler des dépenses à venir: le renouvellement d'un véhicule, la rénovation d'un appartement, le ravalement d'une façade, l'amélioration du cadre de vie, etc... Toutes ces dépenses seront envisagées sans démesure, et inspirées par des goûts modestes.

Quatrième part: La dernière est celle qui n'a pas de destination précise, même à long terme, et qu'on risque de gaspiller en futilités ou de thésauriser sans but défini, pour de problématiques lendemains.

Ces sommes iront dormir leur dernier sommeil, au fond d'une cagnotte ou à la Caisse d'épargne. C'est de l'argent perdu, «enfoui dans la terre» (Matthieu 25.25), que la rouille et les vers ne manqueront pas de ronger. Non! Il faut utiliser ces richesses soit pour venir en aide aux déshérités de la vie, soit pour développer l'œuvre du Seigneur.

Le chrétien est un voyageur sur la terre. Sa patrie est dans le ciel. Or, un voyageur avisé ne prend dans sa valise que le strict nécessaire, et il est reconnu que l'homme en perpétuel déplacement achète des valises de plus en plus petites. Il élimine tout ce qui alourdit inutilement ses bagages, s'employant à ne garder que l'indispensable. Il faut croire que les chrétiens ne sont pas tous des pèlerins, étrangers sur la terre, car la plupart traînent des «colis» de taille, gorgés d'argent.

De l'argent! Il n'en manque pas chez la plupart des croyants. Un frère au gros bon sens me déclara crûment dans son patois:

— Les chrétiens ne sont pas tous démunis. De l'argent, ils en possèdent en abondance, plus qu'ils n'en veulent laisser paraître. Certains sont même très riches.

— Vous m'étonnez. Sur quoi vous fondez-vous pour affirmer cela?

— Mais oui! Ils sont riches d'abord parce que Dieu les bénit. Et riches aussi parce qu'ils ont peu d'occasions de dépenser leur bien. En effet, ils ne fument pas, ne vont ni au bal ni au cinéma, encore moins au café; ils ne suivent pas la mode. N'étant apparemment ni mondains, ni ambitieux, ils ont en général des goûts modestes. Alors... ils entassent. C'est leur péché mignon.

Puisse notre *superflu* servir à la gloire de Dieu.

QUESTIONS

1. — Vous est-il arrivé une seule fois de manquer du nécessaire? Dieu n'a-t-il pas été fidèle dans ce domaine?

2. — En considérant vos biens, discernez-vous le superflu que Dieu vous demande de donner? Que pensez-vous du conseil donné plus haut, de faire quatre parts de votre revenu? Cela vous paraît-il juste?

3. — Que ferez-vous, si c'est votre cas, de cet argent thésaurisé qui n'a pas de destination précise?

Bénissez le Seigneur qui a pourvu à vos besoins jusqu'à ce jour.

LA VIE
PAR LA FOI

> Mon Dieu pourvoira à tous vos besoins selon sa richesse, avec gloire, en Christ-Jésus.
> Philippiens 4.19

Serviteur de Dieu « à plein temps » ou non, tout chrétien est appelé à vivre par la foi (Hébreux 10.38), c'est-à-dire à compter sur son Père tant au plan matériel qu'en tout autre domaine. De fait, sans la foi, qui oserait prélever à l'avance la part du Seigneur et retenir jusqu'à 10, 15 ou 20 % de son revenu? Personne ne fera une telle saignée dans son budget s'il ne s'attend au Seigneur pour que sa famille vive décemment. Et puis, n'est-ce pas vivre par la foi que de mener ses affaires en chrétien honnête? Combien il est précieux de savoir que Dieu s'occupe de l'homme tout entier, et que la vie du corps ne l'intéresse pas moins que celle de l'âme: *L'œil de l'Eternel est sur ceux qui le craignent, sur ceux qui s'attendent à sa bienveillance afin ... de les faire vivre pendant la famine.* (Psaume 33.18,19). Si jadis l'Eternel manda des corbeaux pour ravitailler Elie le prophète, il ne peut manquer de pourvoir fidèlement à nos besoins, par des moyens inattendus s'il le faut. Il est réconfortant de le savoir.

Mener ses affaires en chrétien fidèle à l'Ecriture, avons-nous dit, requiert la foi. Qui en doutera? Les exemples suivants, tous authentiques, nous le confirment.

L'accueil fut chaleureux dans ce restaurant « sans alcool et sans tabac », géré par une chrétienne alerte et convaincue. Les ravages de la boisson étaient tels dans la région, que cette femme de Dieu résolut d'éliminer de ses tables vins et apéritifs de toutes sortes. Le risque était grand et la patronne en était consciente : Elle allait perdre la plupart de ses clients. Arriverait-elle à boucler ses fins de mois ? Ne serait-elle pas contrainte de mettre la clé sous la porte à brève échéance ? Le fait est que les débuts ne furent guère brillants. La période d'incertitude se prolongea, mais les prédictions pessimistes de l'entourage n'ébranlèrent nullement cette femme décidée. Elle se cramponna aux promesses divines et le Seigneur honora la foi de sa servante. Aujourd'hui, la tempête est passée et le restaurant jouit d'une bonne réputation et d'une clientèle de choix. Grâce à la T.V. qui s'est intéressée à cette expérience unique en France, cette croyante put rendre un témoignage à la gloire de Dieu à un grand nombre d'auditeurs. Le Maître n'abandonne pas ceux qui espèrent en lui !

J'ai reçu les confidences d'un jeune artisan dont les affaires prospéraient. A peu d'intervalle, et comme s'ils s'étaient donnés le mot, la plupart de ses clients menacèrent de le quitter si leur exigence n'était pas satisfaite : une partie du travail devait leur être livrée sans facture et réglée en espèces afin, naturellement, d'échapper au contrôle du fisc. Pour un homme honnête chargé de famille, l'épreuve était d'autant plus grande qu'il venait d'engager des sommes importantes pour rénover son atelier et acquérir du matériel coûteux. Certes, il lui était facile, très facile, d'agir *comme tout le monde* en cédant aux sollicitations de ses clients. Néanmoins, il refusa de frauder. Plutôt fermer la boutique que de déplaire à son Seigneur ! Non sans luttes et angoisses — l'obéissance engendre épreuves et souffrances — il s'en remit à son Père qui pouvait le tirer d'affaire. Sauf erreur, à l'exception d'un client grincheux et mauvais payeur, tous lui restèrent fidèles. Dieu est bon pour qui se confie en lui et veut suivre la voie droite.

Que dire de ce pâtissier — je l'ai bien connu — qui prit la résolution de fermer son magasin le jour où il enregistrait la meilleure recette de la semaine. Fermer le dimanche était pure sottise! Pour l'encourager, les amis chrétiens lui promirent la fortune :
— Tu verras! Dieu te bénira et tu gagneras plus qu'avant.
La réalité fut tout autre. Le chiffre d'affaires s'amenuisa sérieusement mais bah...! Avoir le nécessaire avec, en plus, une bonne conscience devant Dieu, n'avait pas de prix pour cet homme. Là était la fortune promise!

Un ami industriel me révéla sa préoccupation d'assurer du travail à ses deux cents ouvriers.
— Mon cher André, depuis deux mois je n'ai pas reçu une seule commande et nous commençons à entasser nos produits. Nous cherchons en vain des débouchés!
Que faire? Dans une période d'âpre concurrence, les clients ne se fabriquent pas à coups de baguette magique. Ce frère déposa sa peine devant Dieu tout en poursuivant activement ses recherches. Il trouverait tôt ou tard un chemin de sortie. Et le jour vint où le Seigneur intervint d'une façon inattendue. Preuve en est, l'affaire tourne toujours en dépit de la récession.

*
* *

Oui, le chrétien vit par la foi, dans tous les domaines, pourvu qu'il se conduise avec sagesse et droiture. Dieu n'abandonne pas ses enfants dans la peine et il intervient d'autant plus diligemment qu'ils s'attendent plus fermement à lui.
Cependant, l'expression «vivre par la foi» est plutôt réservée au serviteur «à plein temps» (évangéliste, pionnier ou autres) dont le salaire n'est pas assuré par une église ou une œuvre qui l'aurait pris en charge. Tel un Elie au torrent du Jabboc, il s'attend à recevoir du ciel le nécessaire;

Dieu lui fera parvenir par le truchement de frères ou de communautés s'intéressant à son activité, des biens en suffisance et à point nommé. Si de tels ouvriers connaissent des temps difficiles, il leur est accordé cependant d'expérimenter de belles délivrances.

Ne me donne ni pauvreté ni richesse, accorde-moi le pain qui m'est nécessaire, de peur qu'étant rassasié je ne te renie et ne dise: « Qui est l'Eternel ? » Ou qu'étant dans la pauvreté je ne commette un vol et ne porte atteinte au nom de mon Dieu. (Proverbes 30.8,9).

*
* *

En considérant les Ecritures, il est permis d'affirmer:

1. — Que les ouvriers du Seigneur ne sont pas tous appelés à suivre le même chemin ni à adopter les mêmes principes de vie. Dieu demande aux uns ce qu'il n'exige pas des autres. Le serviteur ne devrait s'engager dans la vie par la foi (donc sans soutien assuré) que si vraiment le Maître le lui impose, et non pour imiter tel ouvrier de renom qui, bien connu et notoirement apprécié, n'a pas de peine à récolter des dons. Se lancer dans cette voie sans y avoir été réellement appelé d'En-haut, n'est-ce pas *tenter Dieu* en se plaçant dans une situation qui l'oblige à faire des miracles ? Avant de nous engager, il vaut la peine de savoir pour quel motif nous choisissons ce mode de vie: par conviction ou nécessité, par esprit d'imitation ou désir d'indépendance? (1).

2. — La règle biblique est que l'ouvrier mérite son salaire (Luc 10.7). Celui-ci est servi par l'église locale ou l'œuvre qui le prend en charge. A ce sujet, il est instructif d'examiner le cas de Paul qui ne refusait pas le soutien d'une église

---

(1) *Il est bon pour l'homme de porter le joug dans sa jeunesse.* (Lamentations de Jérémie 3.27), particulièrement dans les premières années du ministère. Le serviteur de Dieu qui reçoit un salaire est tenu de rendre compte de son activité à ceux qui assurent son soutien ; c'est bénéfique.

(2 Corinthiens 11.8,9; Philippiens 4.15,16). Lorsque ce soutien faisait défaut, plutôt que de vivre de miracles en disant: «Dieu interviendra», cet homme hors du commun s'efforçait de subvenir à ses besoins en confectionnant des tentes (Actes 18.3 et 1 Corinthiens 4.12). Certes, il n'exigeait pas qu'une église «entrât en compte avec lui» car il se faisait une gloire d'annoncer gratuitement l'Evangile sans user de son droit à un salaire (1 Corinthiens 9.18). La raison en était simple. Il tenait à prouver — et à se prouver — qu'il était un homme libre pouvant faire un geste qui ne lui était pas imposé bien qu'il fût contraint par le Seigneur d'évangéliser (1 Corinthiens 9.16).

Il va sans dire que nous devrions avoir beaucoup d'estime et d'intérêt pour ces pionniers qui œuvrent dans des conditions difficiles en comptant uniquement sur les ressources du Seigneur. S'ils connaissent inévitablement des heures critiques de dépouillement, ces épreuves les rapprochent cependant de Dieu et leur fournissent l'occasion d'expérimenter sa fidélité, souvent d'une manière inattendue.

QUESTIONS

1. — Dans votre vie professionnelle, par exemple, n'avez-vous jamais été placé devant une décision à prendre qui entraînerait une perte d'argent si elle était prise selon le Seigneur? Etes-vous persuadé que tout chrétien est appelé à vivre par la foi, même sur le plan financier?

2. — Connaissez-vous des évangélistes, pionniers ou colporteurs, qui se confient en Dieu pour recevoir leurs moyens d'existence? Le Maître ne vous demanderait-il pas de soutenir l'un d'eux matériellement et régulièrement?

3. — Avez-vous manqué de quoi que ce soit depuis votre enfance? N'y a-t-il pas là un grand sujet de reconnaissance et de confiance pour demain, à l'égard de Celui qui nous aime?

3ème PARTIE

LA RÉPARTITION DES OFFRANDES

15. - Qui en est chargé ?

16. - La rétribution des ministères.

17. - L'aide aux gens sans ressources.

18. - Les pauvres avec nous.

19. - L'entretien du Temple.

A QUI INCOMBE LA RÉPARTITION DES OFFRANDES ?

> Barnabas apporta l'argent et le déposa aux pieds des apôtres.
> Actes 4.37

Donner à Dieu ? Soit ! Mais à qui doit-on remettre le contenu de la caisse du Seigneur ?

Là, les opinions divergent.

Dans certaines communautés, il est de règle de tout apporter à l'église locale dont les responsables, pasteurs et anciens, ont la charge de répartir les dons issus des troncs et des collectes. Devoir est fait à chaque membre de se soumettre à ce principe, avec la liberté toutefois de déposer occasionnellement dans le tronc une enveloppe portant mention de la destination de son contenu.

Certains chrétiens estiment au contraire que chaque enfant de Dieu reste libre de distribuer l'argent du Seigneur à qui lui semble bon, aux œuvres qu'il juge dignes d'intérêt, une autre partie revenant tout naturellement à la paroisse.

Quelle est alors la meilleure manière d'agir ?

Dans l'Eglise primitive, les fidèles déposaient leurs offrandes « aux pieds des apôtres », ces derniers procédaient ensuite à la distribution des biens reçus (Actes 4.34,37 et 5.2). Excellente façon d'opérer, idéale même, pourvu que les responsables de la communauté aient une large vision de l'œuvre de Dieu et discernent avec sagesse les besoins à pourvoir. Paul réclame à plusieurs reprises la charité pour tous les saints (Ephésiens 1.15; Colossiens 1.4) laissant entendre à ses lecteurs que la libéralité ne devrait pas se limiter à l'église locale ni à telle union d'églises avec l'idée que, hors de ce cadre étroit, rien n'est valable ou spirituel, et digne d'être soutenu financièrement. Quand l'église n'a pas de vision missionnaire, elle consomme sur place les offrandes recueillies et donne parcimonieusement à l'extérieur. C'est connu, une église sans vision récolte peu. De l'aveu même de nombreux missionnaires, lors de leur passage dans une communauté repliée sur elle-même, les dons reçus sont si ridicules qu'ils couvrent à peine leurs frais de déplacement!

Ai-je admis qu'il est des charges incombant à l'église, et d'autres qui ne la concernent pas? Il faut distinguer la charité que doit exercer la collectivité et celle qui ne regarde que les individus. Dieu peut me confier la responsabilité de soutenir tel évangéliste ou œuvre indépendante, de secourir tel indigent. Le chrétien fait trop la charité par église interposée. Chacun a, si l'on peut dire, «ses pauvres avec lui» (Jean 12.8). Il est notoire que des œuvres interconfessionnelles dont le ministère s'est révélé bénéfique pour l'Eglise (les sociétés bibliques par exemple), ont pu subsister et se développer grâce au soutien financier venant surtout des chrétiens, individuellement.

Dieu me pousserait-il à prendre partiellement en charge un évangéliste, un colporteur indépendant ou une œuvre fidèle que l'église locale ne peut envisager de soutenir? Je ne me déroberai pas à ce devoir et me ferai une joie de travailler ainsi aux progrès de l'Evangile.

*
* *

Ce qui précède semble apporter de l'eau au moulin de ceux qui tiennent à rester libres de distribuer à leur guise l'argent du Seigneur. Savent-ils qu'ils peuvent disperser inconsidérément les fonds dont ils disposent, et oublier l'œuvre qui s'accomplit sur place et dont ils sont les premiers bénéficiaires ? L'église locale devrait occuper une place de choix dans leur cœur.

Certains chrétiens — les sentimentaux — se laissent atteindre et émouvoir par des appels vibrants et chaleureux lancés en faveur d'un ouvrier ou d'une œuvre peu dignes d'être soutenus. Aussi dois-je rester lucide. Dépouillé de tout esprit d'indépendance, je ne refuse pas de consulter les responsables de la communauté qui, mieux informés, pourront me conseiller judicieusement. En particulier, je tiens à être assuré que l'œuvre à soutenir est fidèle à la Parole de Dieu et ne vit pas en parasite des églises locales, et que sa gestion financière est saine. Les fonds du Seigneur ne doivent pas aller n'importe où.

Il est vrai que les besoins sont énormes et, en principe, toute œuvre chrétienne et tout serviteur indépendant méritent d'être aidés. Ne pouvant donner à tous comme je le souhaiterais, je risque d'être perpétuellement culpabilisé. Halte là ! *Je ne suis pas appelé à soutenir toute action réputée prioritaire* sous prétexte qu'elle est inspirée par l'amour de Dieu et du prochain. A cause des moyens limités dont je dispose, je me dois de distinguer parmi tant d'autres l'œuvre ou le serviteur que *Dieu* m'appelle à soutenir financièrement. Non pas occasionnellement comme je suis tenté de le faire lorsque je tends l'oreille à tous les appels entendus dans ou hors de l'église, mais *régulièrement*. C'est important. Les ouvriers comme les œuvres doivent pouvoir compter sur des arrières fidèles qui prient, s'intéressent pratiquement à leur action et *envoient mois après mois des sommes bien déterminées*. Quant aux œuvres qui ne me concernent pas, je serai sans inquiétude à leur égard car le Maître saura créer et inspirer l'équipe des croyants chargée de veiller sur leur développement. Les chrétiens — excellents sans nul doute — qui dispersent l'argent du Seigneur au hasard des appels entendus, sont rarement constants dans leur libéralité. Ils portent tout... et rien en définitive.

Ceci étant dit, il me paraît utile de rappeler que tout enfant de Dieu devrait penser en priorité à sa propre famille spirituelle et consacrer une large part de l'argent du Seigneur à l'église locale, faisant pleine confiance à ses responsables pour l'utilisation des fonds recueillis. A nous de prier pour eux. Demandons à Dieu qu'il nous donne discernement et sagesse pour orienter nos libéralités.

QUESTIONS

1. — Pensez-vous que le chrétien devrait apporter toutes ses offrandes à l'église locale en laissant le soin à ses responsables de les répartir comme ils le jugent bon ?

2. — Accordez-vous une large part de vos offrandes à votre communauté ? Sinon, pourquoi ? Pensez-vous qu'il soit juste de lui consacrer l'essentiel de l'argent du Seigneur ?

3. — Quels ouvriers et œuvres votre église soutient-elle financièrement ? A-t-elle une large vision de l'œuvre de Dieu ? Quel serviteur ou action devez-vous porter dans la prière et soutenir matériellement ?

LA RÉTRIBUTION DES MINISTERES

> Le Seigneur a ordonné à ceux qui annoncent l'Evangile de vivre de l'Evangile.
> 1 Corinthiens 9.14

Il n'est certainement pas dans la pensée du Créateur de stocker les offrandes qui lui sont apportées au fil des mois. La question est donc de savoir *à qui* seront attribués ces dons et *à quels besoins* ils devront répondre.

D'après l'Ecriture, les offrandes sont destinées :
1. — A pourvoir aux besoins des serviteurs de Dieu ;
2. — A porter aide et secours aux indigents dans l'Eglise et hors de l'Eglise ;
3. — A assurer le service et l'entretien du sanctuaire.

Examinons ici le premier point.

Dans l'Ancienne Alliance, le produit des dîmes et des offrandes était attribué aux membres de la *tribu de Lévi* et constituait leur unique moyen d'existence puisqu'ils étaient consacrés au service du Temple et ne possédaient pas de territoire. De leur côté, ces lévites étaient tenus de prélever pour l'Eternel la dixième partie de ce qu'ils avaient reçu (la dîme de la dîme) afin de la remettre aux *sacrificateurs* (Nombres 18.26-28). Ainsi, cette tribu servante du Seigneur était-elle dépréoccupée des biens terrestres et donc en mesure de se vouer plus entièrement au service de Celui qui était son héritage (Josué 13.33). Les lévites recevaient quasiment tout ce que le peuple se devait d'apporter à son Seigneur, à savoir : Les dîmes, les prémices, les premiers-nés du troupeau... (1). Ainsi, ceux qui exerçaient le sacerdoce, non seulement ne manquaient de rien, mais ils vivaient plutôt dans l'abondance. Telle était la volonté de l'Eternel.

Le Nouveau Testament tient un langage analogue. Les ouvriers de Dieu (pasteurs, évangélistes, enseignants, missionnaires, colporteurs...), sont soutenus et entretenus matériellement par ceux qui bénéficient ou ont bénéficié de leur ministère. C'est logique, car les serviteurs (dits à plein temps), ne vivent pas de l'air du temps : *Ne savez-vous pas que ceux qui remplissent les fonctions sacrées sont nourris par le temple, que ceux qui servent à l'autel ont part à ce qui est offert sur l'autel ? De même aussi, le Seigneur A ORDONNÉ à ceux qui annoncent l'Evangile de vivre de l'Evangile.* (1 Corinthiens 9.13,14). Dans la vie courante, il en est de même : Le militaire reçoit sa solde, le cultivateur consomme le produit de son labeur et ... le bœuf a sa part de nourriture lorsqu'il foule le grain (l'apôtre cite ces trois exemples dans 1 Corinthiens 9.7-10). N'est-ce pas juste, ajoute Paul... *si nous avons semé pour vous les biens spirituels, que nous moissonnions vos biens matériels ?* (1 Corinthiens 9.11 ; voir aussi Galates 6.6-8).

Dans la lettre aux Philippiens, l'auteur fait mention d'églises qui l'ont *pris en compte,* en particulier celle de Philippes laquelle, par deux fois, *lui a fait parvenir de quoi pourvoir à ses besoins* (4.16). A Corinthe, le même apôtre reconnait avoir été soutenu par les frères de Macédoine réputés généreux, si bien qu'on l'accusait *de dépouiller d'autres églises recevant d'elles un salaire pour les servir* (2 Corinthiens 11.8).

En considérant ces différents textes, il apparaît que l'Ecriture ne craint pas de nommer «salaire» les sommes ou les biens remis aux serviteurs de Dieu (1 Timothée 5.18).

---

(1) Les lévites recevaient : les *dîmes* (Deutéronome 26.2,11 ; 18.4) *les premiers-nés* du troupeau (Exode 23.19), les divers *sacrifices* hormis l'holocauste (Deutéronome 18.1), les *choses dévouées par interdit* (Lévitique 27.21 ; Nombres 18.14) ; le centième du *butin de guerre* (Nombres 31.30), certains *champs* (Lévitique 27.21)... etc.

Jésus lui-même (1) emploie ce terme lorsqu'il s'adresse aux douze en partance pour une tournée d'évangélisation et leur parle des maisons dans lesquelles ils seront reçus : *Mangez et buvez ce qui s'y trouve car l'ouvrier mérite son salaire.* (Luc 10.7).

Peut-on écouter sans réagir les propos de certains chrétiens estimant qu'un serviteur de Dieu doit faire vœu de pauvreté, donc vivre chichement et se contenter du minimum ? La Bible s'inscrit en faux contre cette assersion.

D'après l'Ancien Testament, les lévites formaient une classe privilégiée sur le plan matériel. Tout ce qu'ils recevaient de leurs frères devait être excellent, abondant et de premier choix. En effet, du temps de Moïse, 603 550 Israélites mâles étaient tenus de pourvoir aux besoins de 22 000 lévites (Nombres 1.32 et 3.39). Les lévites constituaient donc environ le trentième de la population active du pays (3.64 %) et recevaient d'elle le dixième des revenus de la nation. Autrement dit, le serviteur de l'Eternel bénéficiait d'une part presque trois fois plus importante que celle des autres Israélites. Calcul approximatif mais intéressant prouvant combien Dieu tenait à honorer ses ouvriers.

L'apôtre Paul confirme cette proportion. D'après lui, l'*ancien* (ou pasteur) qui dirige bien est digne d'un *double honneur* c'est-à-dire d'un *double salaire* (selon le contexte, 1 Timothée 5.17,18). Quoiqu'il en soit, l'enseignant ou le prédicateur doit avoir de quoi vivre décemment sans être obligé de «courir» après le pain quotidien. Oui, décemment, et non tel un mendiant, ce qui ne glorifierait guère le divin employeur.

Bien évidemment, si la communauté est naissante, donc incapable d'assurer un salaire normal à son serviteur, pionnier ou missionnaire, l'aide financière devra venir de l'extérieur, ou selon l'expression consacrée, «de l'arrière». L'église-mère se doit alors de soutenir fidèlement les siens aux avant-postes.

---

(1) Jésus n'acceptait-il pas que des femmes de distinction l'assistent de leurs biens (Luc 8.3)?

Suis-je de ceux qui reprochent aux pasteurs de vivre aux crochets de leurs paroissiens ? Qui estiment que l'ouvrier coûte trop cher à la communauté ? Qu'il devrait, à l'instar de Paul, travailler de ses mains et pourvoir ainsi aux besoins des siens ? Si tel est mon langage, je dois m'humilier et chercher plus exactement la pensée du Seigneur en sondant les Ecritures. Ne serai-je pas infidèle au sujet des offrandes ? Le cas de Paul, avons-nous dit, est un cas particulier : obligation lui est faite d'annoncer l'Evangile, et malheur à lui s'il n'obtempére pas (1 Corinthiens 9.16). Bien qu'il brûle d'annoncer l'Evangile, il refuse d'agir sous la contrainte ; aussi décide-t-il de son plein gré d'aller au-delà de ce qui lui est imposé. Il évangélisera avec autant de zèle mais à ses propres frais, gratuitement, alors qu'il est en droit de s'attendre à une juste rétribution. C'est la raison pour laquelle il consent à travailler de ses mains (ce que Dieu n'exige pas de ses serviteurs).

En effet la règle générale est tout autre, et c'est le même apôtre qui l'énonce (1 Timothée 5.17,18) : Vivre de l'Evangile est un *ordre* du Seigneur (1 Corinthiens 9.14). L'expérience lui donne raison, car il est malaisé de mener de front une activité professionnelle et un ministère réclamant beaucoup de temps et de forces. Ajoutons que Paul était célibataire et ses besoins plutôt réduits. Il pouvait « tourner » avec peu et accepter parfois de jeûner sans l'imposer à femme et enfants. Actuellement les conditions de vie ne sont pas comparables. Notre monde occidental est tellement plus exigeant, surtout pour ceux qui résident dans de grandes cités et ont à entretenir une famille.

*
* *

Nous vous demandons, frères, d'avoir de la considération pour ceux qui travaillent parmi vous, qui vous dirigent dans le Seigneur et qui vous avertissent. Ayez pour eux la plus haute estime avec amour, à cause de leur œuvre. (1 Thessaloniciens 5.12,13).

Souvenez-vous de vos conducteurs qui vous ont annoncé la parole de Dieu... Soyez-leur soumis car ils veillent au bien de vos âmes dont ils devront rendre compte (Hébreux 13.7,17).

QUESTIONS
1. — *Estimez-vous que les pasteurs gagnent trop, qu'ils devraient vivre plus modestement? Etes-vous réellement soucieux du bien-être de ceux qui vous enseignent? Comment pourriez-vous leur témoigner votre reconnaissance et votre affection?*
2. — *Montrez-vous pratiquement de l'intérêt pour l'œuvre en terre lointaine? Ne seriez-vous pas appelé à soutenir financièrement un missionnaire ou un évangéliste pionnier? Fidèlement et régulièrement?*

— *Souvenez-vous de vos conducteurs spirituels et priez pour eux.*

L'AIDE
AUX PERSONNES
SANS RESSOURCES

> Si quelqu'un possède les biens du monde,
> qu'il voie son frère dans le besoin,
> et qu'il lui ferme son cœur,
> comment l'amour de Dieu demeurera-t-il en lui?
> 1 Jean 3.17
>
> **Subvenez aux besoins des saints.**
> Romains 12.13

Grande est la tentation de reprocher à l'Eternel d'avoir « fait le riche » (Proverbes 22.2), car la plupart des nantis ont piètre renommée, accusés qu'ils sont d'exploiter ou de mépriser les humbles démunis. La joyeuse et brillante vie de certains, l'opulence étalée sans fausse honte, sont une insulte aux pauvres gens. Certes, il y a de bons riches (1) comme il y a de mauvais pauvres. Possesseur de richesses considérables, Abraham fournissait de l'ouvrage à des centaines de

---

(1) Sous l'Ancienne Alliance des hommes pieux eurent de grands biens: *Abraham* (Genèse 13.6); *Isaac* (Genèse 26.13,14); *Jacob* (Genèse 30.43; 32.5); *Barzillaï* (2 Samuel 19.32); *David* (1 Chroniques 29.28); *Salomon* (2 Chroniques 1.15; 9.22); *Job* (1.3 et 42.12) et *Joseph d'Arimathée* (Matthieu 27.57). Considérez la vie de ces hommes, cherchez à connaître les origines de leurs richesses, les dispositions de leur cœur à l'égard de l'Eternel et l'emploi qu'ils firent de leurs biens.

serviteurs qui l'estimaient, prêts à se sacrifier pour lui (Genèse 14.14). Il n'empêche que l'Ecriture dénonce avec vigueur la rapacité et le comportement inique de trop nombreux riches : « *Votre or et votre argent sont rouillés ; et leur rouille s'élèvera en témoignage contre vous et dévorera votre chair comme un feu... Voici : le salaire des ouvriers qui ont moissonné vos champs et dont vous les avez frustrés, crie, et les clameurs des moissonneurs sont parvenues jusqu'aux oreilles du Seigneur des armées. Vous avez vécu dans les voluptés et dans le luxe, vous avez rassasié vos cœurs au jour du carnage. Vous avez condamné, vous avez tué le juste ; il ne vous résiste pas* (Jacques 5.1,6). Réquisitoire musclé encore valable aujourd'hui car les hommes n'ont pas changé.

Et pourtant, Dieu ne se trompait pas en faisant le riche et le pauvre. Il s'attendait à ce que les premiers fussent un bien pour les seconds (Luc 3.10), des bienfaiteurs pour l'ensemble de la population. Il suffit d'évoquer telle famille aux grands moyens, à l'origine d'une industrie devenue au fil des ans source d'enrichissement pour toute une région. Il est précieux de voir des chrétiens fortunés offrir une somme importante pour réaliser un projet audacieux destiné à favoriser la proclamation de l'Evangile ; il ne verrait pas le jour sans leur intervention. Et c'est en cela qu'est apprécié le croyant riche et généreux, à condition que ses largesses ne lui confèrent pas une quelconque autorité sur ses frères, ni ne favorise sa main mise sur l'œuvre qu'il soutient.

Hélas ! La plupart des gens cossus n'ont pas rempli leur mission. Préoccupés d'arrondir leur fortune, ils ont oublié les défavorisés placés auprès d'eux ; ils ont construit plus de châteaux que d'hôpitaux ou de maisons de retraite. C'est dommage et honteux !

Pour rappeler à chacun ses devoirs à l'égard des personnes sans ressources, l'Eternel a dicté des lois à Moïse (1) visant à

---

(1) Il était prohibé de prêter de l'argent à ses compatriotes afin d'en tirer un intérêt (Exode 22.25-27). — Une partie de la dîme était remise à la (Suite de la note page 88)

protéger et à relever le malheureux : la veuve, l'orphelin, l'étranger, le lépreux ou le salarié, tous généralement démunis. Le dessein de l'Eternel était clair : *Tu devras ouvrir ta main à ton frère, au malheureux et au pauvre dans ton pays* (Deutéronome 15.11).

*
* *

Dans le Nouveau Testament, et dès la fondation de l'Eglise, les offrandes étaient essentiellement distribuées aux personnes privées du nécessaire, la priorité étant accordée aux « frères en la foi » (Galates 6.10 ; Actes 2.15 et 4.34). C'est ainsi que les premiers chrétiens témoignèrent une sollicitude particulière aux veuves, et aux femmes abandonnées par leur famille à cause de leur foi. Des hommes remplis de l'Esprit furent désignés pour les servir équitablement (Actes 6).

Lorsque Paul rencontra pour la première fois Pierre, Jacques et Jean à Jérusalem, il reçut d'eux une seule recommandation : se souvenir des pauvres (Galates 2.10). Il ne manqua pas de la suivre, lui qui organisa de sa propre initiative une vaste collecte en faveur des chrétiens de Judée (Romains 15.25-28 ; 1 Corinthiens 16.1,4 et 2 Corinthiens 8 et 9). Ces frères boycottés par leurs compatriotes, reniés par

---

veuve, à l'orphelin et à l'étranger (Deutéronome 26.12,13). Ils avaient part au festin de Pentecôte et de la fête des Tabernacles (Deutéronome 16.1,14). — Tout Israélite se devait de faire l'aumône au mendiant. — Le pauvre et l'étranger avaient droit de glanage (Lévitique 19.9,10) — Durant la septième année, le produit de la terre appartenait au pauvre (Exode 23.11). — Tous les cinquante ans, celui qui avait été contraint de vendre son domaine le récupérait sans verser quoi que ce soit (Lévitique 25.25-30). Si la pauvreté obligeait un fils d'Israël à se vendre comme salarié, il recouvrait sa liberté durant l'année jubilaire (Lévitique 25.39-41). — Le rituel des sacrifices autorisait le pauvre à offrir des victimes moins coûteuses (Lévitique 14.21). — Le salaire de l'ouvrier devait être réglé au jour le jour (Lévitique 19.13)...

leurs proches, abandonnés par leur conjoint à cause de Jésus, vivaient dans une pauvreté extrême. Et c'est dans les églises peu riches de Macédoine (Philippes, Thessalonique, Bérée) que l'apôtre récolta le plus d'argent, car il y avait au sein de ces communautés des hommes et des femmes pleinement consacrés à l'œuvre du Seigneur : *Quoique très éprouvés par des tribulations, leur joie débordante et leur pauvreté profonde ont produit avec abondance de riches libéralités... Ils se sont d'abord donnés eux-mêmes au Seigneur et à nous, par la volonté de Dieu* (2 Corinthiens 8.1-5). Le don devient d'autant plus aisé que l'on se donne sans partage au Seigneur. « Le soin des pauvres, des malades, de tous les êtres souffrants, fut, dès l'origine, non seulement un fruit de l'amour chrétien, mais un lien puissant entre les églises. Ce moyen, constamment joint à la prédication sera, de nos jours encore, le plus puissant pour ramener à Jésus-Christ une génération qui lui est devenue tout à fait étrangère » (Louis Bonnet).

La conduite prudente de Paul procédant à une collecte en faveur des chrétiens de Judée doit être retenue. A cause des sommes importantes recueillies dans les églises, l'apôtre devait être au-dessus de tout soupçon. C'est pourquoi il eut la sagesse de s'associer Tite, son compagnon, *un homme de confiance* bien connu des Corinthiens (1) ainsi que plusieurs frères *désignés par les églises* visitées (2 Corinthiens 8.16, 18, 19, 23). Ces hommes avaient pour mission de centraliser les fonds et de les convoyer jusqu'à Jérusalem. Les donateurs pouvaient être rassurés : La totalité des sommes collectées parviendrait bien à sa destination.

*
* *

De telles collectes en faveur des victimes de la guerre, de l'oppression ou de divers cataclysmes sont pratiquées de nos

---

(1) C'était sagesse car les chrétiens de Corinthe critiquaient sévèrement le ministère de Paul et pouvaient avoir un a priori de méfiance à son égard.

jours encore au sein des églises. Ainsi a-t-il été possible d'expédier dans certains pays du Tiers-monde où sévissait la famine, des tonnes de vivres ou de produits pharmaceutiques ainsi que de l'argent. De tels actes de solidarité — ponctuels il est vrai — sont conformes à la pensée du Dieu compatissant. En général, ces efforts suscitent beaucoup d'intérêt.

Dans un passé plus ou moins lointain, des personnalités chrétiennes ont entrepris des actions généreuses en faveur de catégories éprouvées. Citons entre autres: Homes pour orphelins, enfants abandonnés ou handicapés — Institutions pour sourds et muets — Refuges pour mères célibataires ou victimes de la prostitution — Dispensaires pour lépreux — Centres pour handicapés physiques ou mentaux — Œuvres de relèvement pour alcooliques ou drogués — Foyers de jeunes filles — Maisons de retraite — Ecoles privées — Assistance aux réfugiés... etc.

A cette liste incomplète il convient d'ajouter l'œuvre médicale de la mission ainsi que les divers secours destinés à un Tiers-monde appauvri par la sècheresse, éprouvé par la malnutrition, les épidémies ou les guerres tribales... sans oublier l'action menée en faveur des victimes de l'oppression, à l'Est comme à l'Ouest... Les besoins sont immenses. Confronté à tant de misères, je m'interroge. Puis-je «baigner» dans l'abondance et en jouir avec bonne conscience et rester insensible aux appels pourtant déchirants que poussent des multitudes affamées? Cette question incite à la réflexion et devrait m'amener à des décisions concrètes.

QUESTIONS
1. — Existe-t-il, dans votre église un service d'entraide agissant ? Quand avez-vous fait un geste financier à l'égard d'une personne dans le besoin ?
2. — Avez-vous pris part récemment à quelque action humanitaire en faveur de croyants ou de non-croyants du Tiers-Monde ? De quelle importance était votre participation ?
3. — Voulez-vous demander à Dieu qu'il place sur votre cœur une oeuvre que vous serez appelé à soutenir ? Bénissez le Seigneur qui vous a donné l'abondance.

LES PAUVRES AVEC NOUS

> Tu devras ouvrir ta main à ton frère,
> au malheureux et au pauvre dans ton pays.
> Deutéronome 15.11

Prolongeons le chapitre précédent.

Avec les lois sociales, les secours aux sinistrés et les diverses allocations accordées par l'Etat, des sommes importantes sont versées à des personnes qui, jadis, auraient été dans le dénuement... Si bien que dans nos pays dits riches, la détresse matérielle, quand elle existe, a généralement pour cause le péché, qu'il s'appelle paresse, dolce vita, passion du jeu, débauche ou ivrognerie (1). Toutefois, s'il y a moins de nécessiteux chez nous, il en existe encore, pourvu qu'on sache les voir... Ces *pauvres* sevrés d'affection sont les malades, les vieillards, les étrangers, les handicapés, bref les solitaires de tout bord. L'amour témoigné pratiquement soulage toujours et produit à terme des miracles.

*
* *

Personne n'ignore la parabole de Lazare et du mauvais riche (Luc 16). L'homme « vêtu de fin lin » pouvait avoir la

---

(1) Proverbes 6.9-11 — 21.23 — 22.7, 26,27 — 23.21 — 28.19...

conscience tranquille : il n'avait jamais fait de mal à Lazare, n'ayant jamais ordonné à ses serviteurs de chasser ce pouilleux couché à sa porte et couvert d'ulcères. Cependant, et c'était là sa faute, il ne lui avait *jamais fait du bien* ni accordé la moindre miette, péchant ainsi par omission : *Si quelqu'un est en mesure de faire le bien et ne le fait pas, il commet un péché* (Jacques 4.17).

Puisque le malheureux était constamment devant ses yeux, à sa porte même, le riche se devait de lui venir en aide. Cette mission était, *à lui,* confiée. Elle ne concernait ni l'Etat, ni l'Eglise ou la synagogue, ni telle œuvre de bienfaisance dont il était peut-être le président. Puisqu'il en avait les moyens, son devoir était d'assister lui-même le pauvre homme. Hélas ! Il n'en fit rien et les conséquences de son égoïsme furent éternelles (2).

Des hommes au cœur généreux militent dans des partis politiques pour réclamer plus de justice et une meilleure répartition des richesses. Qui les blâmera ? En montrant leur souci du pauvre et de l'exploité, ils sont en exemple à trop de croyants installés dans leur confort. Cependant, la plupart de ces militants se trompent en affirmant qu'il incombe aux pouvoirs publics seuls, d'arranger les choses. En quelque sorte, une générosité par Etat interposé qui pourrait les dispenser d'être eux-mêmes généreux. Une certaine façon — élégante — d'échapper à leur devoir et de prêcher, sans en avoir l'air, pour... eux-mêmes, car on se range volontiers parmi les exploités à secourir. Non ! Dieu me rend responsable — *moi* — de venir en aide à l'indigent installé à ma porte, dans ma rue ou ma cité et dont je peux mesurer la détresse. Il y a, avons-nous dit, une charité que doit exercer

---

(2) On ne mérite pas le ciel par des actes de charité, pas plus que la pauvreté nous rend digne d'y entrer. Mais la dureté de cœur fait obstacle au salut gratuit de Dieu. Elle prouve tout simplement qu'un tel homme n'est pas « né de nouveau ». Si quelqu'un possède les biens du monde, qu'il voie son frère dans le besoin et qu'il lui ferme son cœur, comment l'amour de Dieu demeurera-t-il en lui ? (1 Jean 3.17).

la collectivité. Il en est une autre qui concerne l'individu. Sans doute est-il bon de travailler pour une meilleure répartition des richesses et plus de justice parmi les hommes d'une nation, même en étant sans trop d'illusions, car le cœur humain est foncièrement égoïste. Si je m'engage dans ce combat, je veillerai scrupuleusement à affecter une portion de mes biens aux autres, me montrant équitable à l'égard du prochain. Selon le Seigneur, bien entendu.

*
* *

En terminant ce chapitre, il n'est pas inutile de formuler quelques conseils afin d'éviter certaines erreurs que tout croyant est tenté de commettre :

1. — *Première erreur* — la pire sans doute — c'est de démissionner, de rester indifférent aux problèmes humains sous prétexte qu'ils nous dépassent. Ou de se faire une règle de n'assister *que* les pauvres de la communauté. Non! Quoique la Judée fut bien loin de Corinthe, l'apôtre jugeait nécessaire d'intéresser les chrétiens de Macédoine ou de Grèce aux difficultés de frères qu'ils ne connaissaient pas.

2. — *Deuxième erreur*. A cause d'une surabondance d'informations fournies par les mass medias (radio — T.V. — journaux...) il m'est impossible de répondre si peu que ce soit à ces dizaines d'appels de détresse venant de tous les coins du globe, en particulier des Pays de l'Est et du Tiersmonde. Impuissant, démuni devant tant de besoins, je puis éprouver un sentiment de culpabilité dont l'origine n'est pas céleste. Est-il raisonnable de se laisser abattre? Dieu demanderait-il à ses enfants, cette petite minorité parmi les hommes, de porter tout le poids de la détresse humaine? Je crois fermement que nous ne sommes appelés ni à secourir tous les déshérités de la terre... ni à soutenir financièrement tout se qui se fait de bien sur notre planète. Aussi dois-je m'apaiser afin d'être en mesure, grâce à Dieu, de distinguer la détresse qu'il m'incombe de secourir.

3. — *Troisième erreur.* Certains responsables d'œuvres ont l'art d'émouvoir leurs auditeurs, de les intéresser à leur action et de récolter des fonds en abondance lors de tournées d'information dans les églises. Et parce qu'ils sont convaincants et donnent à leur action un caractère prioritaire, la plupart des auditeurs se font un devoir de répondre sur le champ à leur appel. Pas de précipitation. Je les écouterai avec sérieux (on oublie vite) et prendrai une décision... *chez moi,* c'est-à-dire en toute sérénité et hors de toute influence, hormis celle du Seigneur. C'est important !

4. — *Quatrième erreur.* Ai-je entendu parler d'un cataclysme ou d'incidents graves dans telle partie du monde ? Récolte-t-on des fonds pour venir en aide à des populations éprouvées ? Confier mon offrande au premier organisme venu serait une erreur. Au contraire, je chercherai *un canal sûr* pour faire parvenir un don, en priorité à des chrétiens sinistrés (Galates 6.10). Lors du dernier tremblement de terre sur le sol italien, vêtements, vivres et argent furent envoyés directement aux responsables de diverses communautés de la région éprouvée, lesquels furent chargés de distribuer ces biens aux familles dans le besoin.

Que Dieu élargisse mon horizon et m'accorde de discerner toute détresse que je dois secourir !

Alors le Seigneur dira à ceux qui seront à sa droite : Venez vous qui êtes bénis de mon Père ; recevez en héritage le royaume qui vous a été préparé dès la fondation du monde. Car j'ai eu faim et vous m'avez donné à manger ; j'ai eu soif et vous m'avez donné à boire ; j'étais étranger et vous m'avez recueilli ; nu et vous m'avez vêtu ; j'étais malade et vous m'avez visité, j'étais en prison et vous êtes venus vers moi... En vérité, je vous le dis, dans la mesure où vous avez fait cela à l'un des plus petits de mes frères, c'est à moi que vous l'avez fait. (Matthieu 25.34-40).

QUESTIONS
Quelques bonnes idées!
   1. — Ne pourriez-vous pas payer à un enfant du voisinage un séjour (voyage compris), dans une colonie de vacances où l'on étudie la Bible et annonce le Christ Sauveur?
   2. — Pour inciter une personne « en recherche » à participer à une retraite ou convention, pourquoi ne lui offririez-vous pas de prendre à votre charge ses frais de voyage et de pension?
   3. — Ne pourriez-vous pas acheter des Bibles et des livres pour les faire circuler autour de vous? La page imprimée peut avoir un grand impact dans la vie d'une personne.

L'ENTRETIEN
DU SANCTUAIRE

> Joas eut à cœur de rénover
> la maison de l'Eternel.
> 2 Chroniques 24.4

Rien n'est plus triste qu'un lieu de culte délabré ! Murs gris et sales, bancs inconfortables et poussièreux, portes grinçantes, salle mal éclairée et acoustique déplorable, tout cela n'honore pas le Seigneur de gloire.

Je crois avoir annoncé l'Evangile dans un millier d'édifices de toutes dimensions, les uns chaleureux et avenants, les autres lugubres et peu propices à la communion fraternelle. Ici, le sanctuaire était dans un tel état de vétusté que les rares paroissiens éparpillés sur les bancs pouvaient à loisir, en levant les yeux, contempler le ciel à travers un plafond percé en plusieurs endroits. Là, la tribune servait littéralement de dépotoir. Ailleurs, le chauffage ne fonctionnait pas, ou si mal que je dus parler dans une salle empestée, les auditeurs du fond disparaissant presque dans un léger brouillard de fumée âcre. L'acoustique était telle dans ce vaste édifice qu'il me fut recommandé de ne pas détourner les yeux d'une certaine colonne si je tenais à être compris de mes auditeurs... Heureusement, depuis une vingtaine d'années, beaucoup de temples ont été rénovés en France, voire embellis, souvent à la faveur d'un centenaire dignement fêté. On est certainement plus soucieux de confort et de lumière aujourd'hui que par le passé. Et c'est heureux !

LE TEMPLE DANS L'ANCIENNE ALLIANCE

L'Ancien Testament signale à plusieurs reprises des élans de générosité peu communs inspirés par l'Esprit lorsqu'il s'est agi de construire ou de réparer le sanctuaire. Ces élans correspondaient toujours à des périodes de réveil spirituel : un peuple préoccupé de la gloire de son Dieu ne peut souffrir que tombe en ruine la maison où on l'adore. S'adressant à *tout homme dont le cœur était généreux* (Exode 35.5), Moïse invite les enfants d'Israël à apporter à l'Eternel de riches offrandes destinées à édifier et à meubler le Tabernacle. Et c'est avec un rare empressement que le patriarche reçoit *beaucoup plus qu'il ne faut pour exécuter l'ouvrage que l'Eternel a commandé de faire.* (Exode 36.5). Il doit même, chose unique dans les annales, *faire passer dans le camp une proclamation en ces termes : Que personne ne travaille plus en vue de l'offrande,* ordonnant même qu'on *empêche le peuple d'en apporter* (Exode 36.6,7).

Plus tard, le roi David suggère à ses sujets de prendre une part active à la construction d'un temple à Jérusalem : *Qui se porte volontaire aujourd'hui pour s'engager envers l'Eternel* (1 Chroniques 29.5) ? L'appel est entendu et c'est *avec un cœur sans partage* qu'ils acceptent d'apporter leur contribution à cette entreprise. Il est vrai que le roi a prêché d'exemple en tirant de ses propres trésors de l'or et de l'argent en grande quantité (1 Chroniques 29.3-5).

Après le triste règne d'Athalie, *Joas eut à cœur de rénover la maison de l'Eternel.* Pour financer les travaux, il fait installer à la porte du Temple un coffre (2 Chroniques 24.8), qui ne cesse de se remplir tant le peuple prend au sérieux cette rénovation.

Plus tard, et après le règne interminable de Manassé, *Josias* entreprend de réparer le Temple longtemps abandonné. Pour mener à bonne fin cette restauration, des lévites zélés s'empressent d'aller collecter de l'argent dans différentes tribus. Ils en recueillent partout en abondance car le peuple s'associe de tout cœur à ce projet.

Lorsqu'Israël revient de l'exil sous Esdras, sa première

tâche est de reconstruire le sanctuaire dévasté. Et pour en fournir les moyens, les offrandes affluent malgré la pauvreté qui règne dans le pays (Esdras 1.68,69).

C'est bien vrai ! La générosité se manifeste toujours lorsque Dieu visite les siens, et à l'inverse, quand le zèle fait défaut dans la communauté, le sanctuaire, mal entretenu, délaissé, s'empoussière et parfois menace ruine.

L'EGLISE DANS LA NOUVELLE ALLIANCE

Comme nous l'enseigne l'histoire, et conformément aux paroles du Christ (Matthieu 24.2), le Temple, orgueil d'Israël, fut détruit par les Romains en l'an 70 de notre ère. Or, dans l'économie de la grâce, il n'est plus question de « Temple ». Le seul que reconnaisse le croyant est le temple spirituel dont parle l'apôtre Paul (1 Corinthiens 3.16,17). Quiconque est né de nouveau est un temple du Seigneur : *Ne savez-vous pas que vous êtes le temple de Dieu, et que l'Esprit de Dieu habite en vous ?*

Puisque le Créateur n'habite pas dans un sanctuaire *fait par la main de l'homme* (Hébreux 9.11,24), les chrétiens ne devraient-ils pas s'abstenir de bâtir des lieux de culte ? Certainement pas, bien que le Nouveau Testament ne mentionne nulle part l'existence de tels édifices. Jadis, la présence du Temple n'empêcha pas la construction de synagogues destinées à abriter les communautés juives locales. Et c'est dans un but analogue qu'ont été érigées au fil des siècles des églises et des chapelles, lieux de rencontre des croyants venus pour célébrer ensemble le Dieu de Jésus-Christ.

Mais alors, pourquoi dans le livre des Actes ou les épîtres, n'est-il jamais question de construction ou de restauration d'édifices consacrés à Dieu et au rassemblement des chrétiens ? La raison est simple : En ces temps de persécution, l'Eglise était clandestine et ses membres se réunissaient dans les maisons, souvent en cachette (Actes 12.12 ; 16.40 ; 19.10 ; 8.3 ; Romains 16.5,10,11...). Les lieux de culte furent édifiés plus tard lorsque faiblirent ces persécutions.

REMARQUES

En terminant ce chapitre, deux remarques s'imposent :
1. — Lorsqu'il s'agit de construction ou de restauration d'édifices religieux, les croyants se montrent en général très motivés et particulièrement généreux. Hélas ! Ils le sont beaucoup moins quand ils sont appelés à soutenir un évangéliste ou une œuvre en terre lointaine. En 1970 par exemple, il devint impérieux de refaire la toiture vaste et compliquée de l'imposante bâtisse abritant la Ligue pour la lecture de la Bible à Guebwiller (1). En un temps relativement court, la somme très importante nécessaire à cette indispensable réparation fut non seulement recueillie mais encore dépassée. Il n'y eut pas le même engouement lorsqu'il fut suggéré en d'autres circonstances de prendre en charge un ouvrier de plus en France et en Afrique. C'est dommage !
2. — Comme le firent jadis les constructeurs du tabernacle ou du Temple de Jérusalem, les chrétiens devraient non seulement donner leur argent mais aussi leur temps et leurs talents pour le service de Dieu. Ce temps consacré est une offrande précieuse. Ici, je pense à telle assemblée aux moyens fort modestes qui fut en mesure d'édifier une belle chapelle, en partie grâce au dévouement de ses membres qui mirent la main à la pâte et retroussèrent les manches pour manipuler la pelle ou le marteau. Dans cette action commune, ils apprirent à mieux se connaître et à travailler ensemble avec joie pour leur Seigneur, ce qui n'est pas négligeable. Une tâche accomplie en commun rapproche et unit.

---

(1) L'auteur du présent livre a été agent de la Ligue de 1945 à 1973.

QUESTIONS
1. — L'édifice qui abrite la communauté que vous fréquentez est-il avenant? Bien éclairé et bien entretenu? A-t-on du plaisir à s'y rendre?

2. — A votre avis, qu'est-ce qui pourrait être amélioré? Auriez-vous la liberté de faire quelques suggestions à votre pasteur ou à des anciens sans exiger qu'on s'y conforme?

3. — Que pourriez-vous faire pratiquement pour la rénovation de votre église? Si vous commencez une tâche ou acceptez d'y participer, soyez résolu à l'accomplir jusqu'au bout à l'image du Seigneur qui « achève ce qu'il a commencé » (Philippiens 1.6).

4ème PARTIE

SUJETS DIVERS

20. — Dettes et emprunts.

21. — Les jeux d'argent.

22. — Avant de déloger.

23. — Les héritages.

24. — Emplois incompatibles.

25. — Content de son état.

EMPRUNTS
ET DETTES

> Malheur à celui...
> qui augmente le fardeau de ses dettes.
> Habaquq 2.6

La Bible est catégorique : Pas de dettes ! *Ne devez rien à personne si ce n'est de vous aimer* (Romains 13.8).
Prenant au sérieux et à la lettre cette parole de Paul, certains chrétiens s'abstiennent, non seulement de contracter des dettes, mais encore de recourir à un emprunt indispensable au développement de leur entreprise ou à l'acquisition de leur maison.
Leurs scrupules sont-ils fondés ?
Sans doute convient-il de préciser ce qu'il faut entendre par dette et chercher à discerner en quoi une dette diffère d'un emprunt.
Ces termes sont-ils totalement synonymes ?
Une personne est *endettée* lorsqu'elle doit de l'argent à un particulier (facture non réglée, prêt non restitué...). L'*emprunt* est plus généralement souscrit auprès d'un organisme (Banque, Crédit Foncier, P. et T...) qui avance la somme demandée et fixe les modalités de son remboursement. S'endetter et emprunter sont, à première vue, des termes équivalents car la démarche est la même, quelle que soit la nature du créancier.
Cependant, un emprunt n'est pas une dette aussi longtemps que l'emprunteur est en mesure de tenir ses engagements. Il devient une dette lorsque la personne :

— n'a pas l'intention de restituer le bien prêté. Dans ce cas il y a escroquerie : *Le méchant emprunte et ne rend pas* (Psaume 37.21).

— ne montre aucun empressement à rembourser les sommes dues soit par négligence, soit par mauvaise volonté, attitude inconcevable de la part d'un chrétien. C'est un manque de sérieux et d'amour à l'égard du créancier (l'amour étant, selon l'Ecriture, la seule dette autorisée).

— n'a pas la possibilité de régler ses mensualités. C'est le cas de gens dépensiers vivant au-dessus de leurs moyens. Incités par une publicité alléchante claironnant : « Achetez, vous payerez demain », les clients naïfs se lancent inconsidérément dans des *achats à crédit*. Notre génération est insatiable, désireuse de posséder avant le temps, incapable d'attendre ou de se priver ; aussi s'engage-t-on trop souvent dans des dépenses démesurées. On voudrait tout avoir à la fois : la machine à laver la vaisselle, l'automobile puissante, la caravane ainsi que le pavillon de standing... sans avoir, au préalable, fait sérieusement ses comptes. Pour prévenir ces excès qui mettent à mal tant de familles, l'Etat français s'est montré sage en exigeant que le montant des mensualités n'excède pas le tiers du revenu mensuel du foyer.

Je puis emprunter avec bonne conscience :

1. — si cette façon d'opérer est chez moi *exceptionnelle*. Qui achète trop souvent à crédit devrait réviser son comportement et permettre au Saint-Esprit de révéler le péché de convoitise.

2. — si l'opération envisagée (achat d'un appartement par exemple) a été longuement mûrie et s'impose réellement. Il n'est jamais bon de s'engager avec précipitation dans une dépense importante, pas vraiment de première nécessité.

3. — si j'ai des ressources suffisantes et sûres pour régler fidèlement le prêteur. Il est prudent de ne pas se fier aveuglément à « un plan de financement » dressé hâtivement par une agence. Il y a lieu de prévoir un bon pourcentage de frais supplémentaires.

Je ne devrais jamais agir sans avoir le feu vert de Dieu. Si j'éprouve quelque malaise à souscrire un emprunt d'une certaine importance, je remettrai l'opération à plus tard : *« Ce qui n'est pas le produit d'une conviction est péché* déclare l'apôtre (Romains 14.23).

*
* *

Ne te détourne pas de celui qui veut emprunter de toi (Matthieu 5.42). Emanant de Jésus lui-même, cette injonction a culpabilisé nombre de chrétiens scrupuleux. En effet, dois-je systématiquement répondre aux sollicitations de tous les mendiants qui tendent la main dans le Métro ou à chaque coin de rue ? A tous les clochards qui frappent à ma porte (et les pasteurs en accueillent souvent!) ? Ne sont-ils pas des professionnels de la misère qu'on encourage au vice en accédant à leur requête (1) ?

Si l'on replace cette parole de Jésus dans son contexte (Matthieu 5.38-48) il apparaît, semble-t-il, que le Sauveur encourage ici moins un acte d'entraide qu'un geste

---

(1) Habitant en plein Paris, j'ai pu observer un mendiant qui s'installait, jour après jour, devant une église, sous ma fenêtre. J'ai compté combien de pièces tombaient dans sa grande boîte en un quart d'heure et me suis approché pour considérer la valeur moyenne de ces pièces. Je pus conclure que cet homme gagnait 7 à 8 fois mon salaire. Ce calcul m'a été confirmé par une sergente de l'Armée du Salut qui avait reçu les confidences d'un clochard.
Par ailleurs, il faut aussi constater que le nombre des clochards a nettement augmenté avec le développement du chômage, soulignant ainsi l'importance du facteur économique.

La loi de Moïse faisait un devoir à l'enfant d'Israël de porter secours à l'indigent, sans prélever d'intérêt lorsqu'il s'agissait d'un compatriote (Deutéronome 15.7,11 - Exode 22.25 et Lévitique 25.35,37). Il était condamnable de presser son débiteur et de l'accabler d'usure (Exode 22.15). Durant l'année sabbatique, le créancier ne devait rien réclamer de l'Israélite (la terre n'étant alors pas cultivée). A l'approche de cette année, le prêteur, que pouvait faire hésiter un trop long délai pour recouvrer son avance, devait se montrer charitable et considérer les intérêts de l'indigent (Deutéronome 15.1,3, 7,10).

d'apaisement et de patience en réponse à une sollicitation violente, brutale. De fait, de quoi Jésus entretient-il ses auditeurs sur la montagne? Des persécuteurs, des méchants qui s'acharnent contre les enfants de Dieu, aussi leur conseille-t-il de «ne pas résister au méchant» (v. 39) mais de «riposter» par l'amour (v. 44). L'évangéliste Luc, qui reprend ce discours, paraît confirmer cette façon de voir: *Ne réclame pas tes biens à celui qui les prend* (6.30).

Je ne sais si cette explication est la bonne. Il serait dommage d'en faire un prétexte pour ne jamais ouvrir sa bourse à qui réclame aide et secours. Avec quelle insistance Jésus invite les siens à prêter sans espoir de retour, à fonds perdus! Il préconise la pratique d'une charité désintéressée appelée tôt ou tard à recevoir sa récompense; en tout cas dans l'Au-delà. Gardons constamment les yeux fixés sur la rémunération à venir, c'est important.

Je pense qu'il faut avoir été «roulé» bien des fois pour discerner quand il convient de résister à certains quémandeurs. Si une personne réputée dépensière, accumulant les dettes, me demande un chèque pour faire des achats somptueux, je resterai sourd à sa requête en lui donnant les raisons de mon refus. Il m'est arrivé d'inviter un clochard (à qui je proposai un sandwich plutôt que de l'argent) à cesser de vivre aux crochets des autres, d'être oisif et adonné à la boisson (la plupart d'entre eux puent le vin). Paul dit sans ménagement: *Si quelqu'un ne veut pas travailler, qu'il ne mange pas non plus.* (2 Thessaloniciens 3.10). Ne pas céder à certaines sollicitations est une autre façon de ne pas se détourner de celui qui cherche à emprunter.

Cependant, à côté des «faux miséreux» à qui je dois résister, il y a d'authentiques détresses, des familles sans ressources méritant assistance. Je serais grandement coupable de me détourner de telles gens. Avec joie et empressement je me porterai plutôt au devant d'eux pour les «dépanner» et leur témoigner un peu de l'amour du Seigneur.

Il est bon de s'examiner sérieusement sous le regard de Dieu.

Ai-je dans le passé confié des sommes importantes à des personnes démunies ne pouvant faire face à certaines échéances ? Avec ou sans intérêt ? Ai-je au contraire opposé un refus alors que j'en avais les moyens ? La crainte de perdre mon argent m'a-t-elle fait reculer ? Suis-je vraiment détaché des richesses ?

QUESTIONS
1. — Présentement, ai-je des dettes à régler ? Pourquoi les ai-je contractées ? Suis-je réellement préoccupé de les rembourser au plus vite ? Mes engagements sont-ils tenus et mes mensualités réglées à temps et régulièrement ?
2. — Ai-je l'habitude d'acheter à crédit ? Ne devrai-je pas réviser ma façon de faire, d'abord devant Dieu, puis auprès des responsables de mon église ?
3. — Ai-je été amené à prêter ? Avec joie ? Suis-je vraiment sensible aux besoins des autres ?
Bénissez le Seigneur qui a réglé définitivement votre dette sur le Calvaire.

LES JEUX D'ARGENT

> Que sert-il à un homme
> de gagner le monde entier,
> s'il se perd ou se ruine lui-même ?
> Luc 9.25

Alors que je rédige cet ouvrage, un jeune m'interroge :
— Le chrétien peut-il jouer de l'argent, au tiercé ou au loto par exemple ?

Cette question me gêne. Je répugne toujours à énoncer un « il ne faut pas » ou « le chrétien ne doit pas »... alors que l'apôtre déclare sans ambiguïté : *Tout m'est permis* (1 Corinthiens 6.12). Ici, un « Non ! » catégorique a valeur de jugement. Il condamne ceux qui, la conscience en paix, par ignorance ou esprit d'imitation, ont rempli « innocemment » une carte de loto ou essayé une fois de pronostiquer au tiercé.

Pourtant, la question vaut la peine d'être posée. Y réfléchir sans esprit de jugement n'est pas perte de temps.

Et d'abord : *Pourquoi est-ce que je joue... ou ne joue pas ?*

« Pour occuper le temps » ont répondu certains. Une chrétienne écrivait à ce sujet : « On peut jouer au tiercé pour se délasser. Beaucoup ne font rien et s'ennuient le dimanche après-midi (c'est bien dommage !), or l'attente des résultats est captivante et pleine de suspense. Il vaut mieux jouer au tiercé — donc s'occuper — plutôt que de bailler en regardant voler les mouches ».

L'argument est bien mince. Et peu honnête par surcroît. Il serait dommage qu'un chrétien n'ait pas mieux que le tiercé pour vivre un bon dimanche! L'explication de cette femme est irrecevable ou plutôt prétexte, fruit d'un malaise qui force à se justifier. Il serait plus authentique d'avouer : « Je joue en espérant décrocher le gros lot. Pourquoi pas, après tout? Est-ce réellement irrépréhensible? ».

Une fois de plus, j'interroge : Le joueur n'est-il pas tenté ou gagné par le désir de *faire fortune... d'un coup*? D'empocher le magot sans remuer le petit doigt? De palper de l'argent acquis sans effort, fruit du hasard et du labeur des autres et, non le salaire de sa propre activité (ou de celle de ses ascendants lorsqu'il y a héritage)? Le jeu me fait choisir un moyen de m'enrichir différent de celui qu'ordonne l'Ecriture (Genèse 3.19; 2 Thessaloniciens 3.10,12).

Mais, objectera-t-on, *pourquoi la chance ne s'appellerait-elle pas... Dieu,* puisque certaines personnes le prient pour gagner à la loterie nationale? écrivait une autre correspondante. Argument dérisoire.

Si Dieu répondait à ces folles requêtes, les gens se convertiraient en foule, mais certainement pas pour l'amour du Seigneur. *Vous demandez et vous ne recevez pas, parce que vous demandez mal, afin de tout dépenser pour vos passions* déclare Jacques (4.2,3).

La chance = Dieu? Allons donc! L'action jugée innocente de « tenter le gros lot » a pour origine l'amour de l'argent, le désir d'amasser un trésor sur la terre. Vite et sans peine! La convoitise anime le joueur, qu'il le reconnaisse ou non. Et par convoitise, il faut entendre tout désir illégitime qui incite à posséder ce que Dieu n'a pas jugé bon d'accorder, ici la richesse. *Vous convoitez et vous ne possédez pas,* reproche l'apôtre (Jacques 4.5).

Ai-je réellement accepté ma condition modeste? Suis-je en repos sur ce point? Ou au contraire, suis-je jaloux du riche, avide de grossir mon avoir? Joueur ou pas, il est bon de se laisser sonder par le Saint-Esprit pour être délivré de l'envie et apprendre à être content de son état (Philippiens 4.11). En effet *c'est une grande source de gain que la piété, si l'on se contente de ce que l'on a* (1 Timothée 6.7).

La chance = Dieu? Disons plutôt le diable lorsque, à la

frénésie de gagner, se mêle l'occulte. Pour miser au bon moment sur le bon numéro, horoscopes et voyantes sont consultés plus souvent qu'on ne croit... Satan n'est-il pas à l'œuvre quand la passion de jouer s'empare de l'individu et l'entraîne dans de tragiques excès, ruine ou suicide ?

Perrette de la fable, le joueur s'imagine tenir la fortune. Et il joue et rejoue, assuré qu'il possède quatre vingt dix neuf chances sur cent de l'acquérir un jour ou l'autre. Folie ! On a calculé que pour une course de trente partants, 24 360 combinaisons sont possibles. Le parieur a donc autant de chances de trouver les trois premiers numéros dans l'ordre que de découvrir le gagnant d'une seule épreuve alignant 24 360 chevaux au départ !

Après certains tirages d'un montant exceptionnel, les mass medias présentent l'heureuse personne ayant remporté le gros lot et chacun de l'admirer avec envie. Il vaudrait infiniment mieux penser à la foule immense des perdants pour être à jamais guéri de cette maladie !

D'autres questions doivent être posées aux habitués des courses, du loto, du tiercé... etc : *Jouez-vous régulièrement toutes les semaines ? Depuis combien de temps ? Etes-vous réellement pris par le jeu ? Reconnaissez-vous être lié par cette passion ?*

Certes, tous les joueurs ne sont pas atteints par la fringale de faire fortune en un temps record, mais un nombre trop grand de personnes se laisse gagner par la passion du jeu. Que de ruines a engendré la roulette ! Hélas ! Il y a plus que la roulette : tel jeu d'argent en apparence inoffensif, peut entraîner des drames. Un chauffeur livreur, âgé de trente cinq ans, est incarcéré pour avoir détourné une somme importante qu'il dépensait au P.M.U., persuadé que la chance viendrait bientôt lui permettre de la restituer. Son épouse dans le besoin, doit chercher du travail pour nourrir ses quatre enfants... Dans la banlieue ouest de Paris, un employé oblige sa femme à lui remettre les allocations familiales pour les gaspiller au jeu. Un chrétien de fraîche date, maçon de son état, témoigne qu'il privait ses enfants de pain pour jouer au tiercé...

Cependant, ne dramatisons pas. Tous les joueurs n'en sont pas là. Signalons seulement que le vrai gagnant du tiercé, du loto, de la roulette... c'est l'Etat, lequel encaisse des sommes colossales — des milliards ! La poule aux œufs d'or est trop féconde pour qu'on lui torde le cou même si, en haut-lieu, les consciences ne sont pas totalement à l'aise, car les jeux ont toujours été un sujet de préoccupation pour les gouvernements : Faut-il les interdire, les réglementer ou les tolérer ? Il n'empêche qu'ils subsistent toujours quand on n'en crée pas de nouveaux.

Avez-vous remarqué surtout le dimanche matin, ces attroupements formés devant les guichets du P.M.U. Il faut savoir que ces 25 à 30 000 bureaux sont implantés dans des cafés ce qui favorise la consommation de l'alcool. Des millions de gens sont de la sorte incités à y pénétrer chaque semaine et, conséquence logique, à consommer.

Il faut le savoir et le dire : Les jeux font bien plus de dupes et de victimes que de gagnants. C'est pourquoi, ne nous laissons pas tenter par le mirage du gros lot et mettons sérieusement en garde nos enfants contre le réel danger que représentent les jeux d'argent : *Que sert-il à un homme de gagner le monde entier, s'il se perd ou se ruine lui-même ?* (Luc 9.25).

QUESTIONS
1. — Vous est-il arrivé de jouer de l'argent ? Souvent ? L'avez-vous fait avec bonne conscience ou en ressentant un certain malaise ?

2. — Vous êtes-vous demandé pourquoi vous tentiez votre chance ? Quelle réponse avez-vous donné à cette question ? Reconnaissez-vous que c'est le désir de gagner qui vous a poussé au jeu ?

3. — Croyez-vous que de tels jeux sont selon Dieu ? Si vous êtes perplexe, accepteriez-vous de vous laisser sonder par le Seigneur ? Bénissez-le pour tout ce qu'il vous a donné.

---

(1) ... ou ne joue pas ?

AVANT DE DÉLOGER

> **Donne tes ordres à ta maison, car tu vas mourir.**
> 2 Rois 20.1

Une dame dans la soixantaine me confiait qu'elle n'avait pu obtenir de sa mère âgée, pourtant encombrée de meubles, qu'elle lui cède une armoire promise depuis longtemps :
— Puisque tu ne t'en sers pas et qu'elle me ferait grand plaisir, pourquoi la gardes-tu ?

La vieille maman — on devine son âge, âge où l'on devrait enfin se détacher des biens de la terre — de répondre avec gentillesse :
— Sois tranquille ma fille. Elle est à toi. Je te l'ai promise et je n'ai pas changé d'idée. A ma mort, elle te reviendra. Tu peux y compter.

Et la fille de conclure :
— Je ne sais si j'entrerai un jour en possession de ce meuble qui me serait présentement utile. Il viendra sans doute m'encombrer lorsque je n'éprouverai aucun plaisir à le recevoir.

Si vous demandiez à des personnes avancées en âge ayant économisé sou par sou durant leur vie entière :
— Que pensez-vous faire de cet argent que vous laissez à la banque comme s'il devait dormir de son dernier sommeil ?... vous recevriez certainement une réponse de ce genre :
— Mais j'ai des enfants. C'est à eux que je destine mes biens. Je tiens à leur laisser un héritage suffisant qu'ils ne manqueront pas d'apprécier le moment venu !

Si le prétexte, car c'en est un, est fort joli, Dieu ne s'y laisse pas prendre cependant. Les biens cédés aux siens en héritage — donc après la mort — en réalité, ne sont *jamais donnés*. Le drame, c'est qu'au regard du Créateur, ces dons-là ne comptent pas. Absolument pas. La charité posthume ne rapporte rien dans l'autre monde. Un don généreux «en espérance» n'est qu'un faux semblant. Il permet de faire des courbettes à Mamon, de garder ses richesses avec le sentiment réconfortant d'être plein de générosité.

D'ailleurs, rares sont les parents aisés qui, de leur vivant, font des largesses à leur progéniture. Une fois la salle à manger ou la chambre à coucher offerte en cadeau de mariage, c'est fini. Qu'ils se débrouillent! Que de jeunes couples en difficultés ont pu végéter parce que les biens paternels ne leur étaient donnés qu'en espérance. Et c'est brusquement, lorsque ces foyers sont enfin au large et bien installés dans la vie que le «gros paquet» leur échoit.

La preuve est faite : on préfère ses biens à ceux qu'on prétend aimer.

*
* *

Esaïe, au chevet du roi Ezéchias gravement malade, lui enjoignit «de mettre de l'ordre dans sa maison» avant de déloger. Rude nouvelle mais précieux conseil, toujours valable. Trop de chefs de famille brusquement rappelés à Dieu laissent après eux une situation des plus embrouillées. Ces pères ont mené leur action en solitaire, sans juger utile d'y associer épouse et enfants. Il en découle une succession difficile. Des familles laissées sottement dans l'ignorance ont été, par la suite, injustement exploitées, accablées de dettes, ruinées parfois.

Si vous deviez quitter ce monde dans les quarante huit heures, pensez-vous que les vôtres seraient en mesure de prendre la relève sans problème, avec succès ? Sont-ils réellement au courant des secrets de votre gestion ? Vos comptes sont-ils à jour ? Réfléchissez à cette éventualité et si cela est nécessaire, « mettez de l'ordre dans votre maison ».

*
* *

La plupart des parents répugnent à parler de succession avec leurs fils ou leurs filles comme si d'évoquer ce problème raccourcissait la vie. Après la mort... qu'ils se débrouillent. Or, que de drames surgissent lorsqu'il est procédé au partage de l'héritage. Seriez-vous heureux d'apprendre que vos enfants vont se disputer et se brouiller lorsqu'ils passeront devant le notaire ? Ne serait-il pas sage de prévenir de tels affrontements ? C'est pourquoi, pendant que vous êtes lucides et en pleine santé (1) proposez à chacun des vôtres de vous rencontrer, d'abord séparément afin qu'ils puissent librement exprimer leurs souhaits. Ainsi informés vous pourrez, vous et votre épouse, dans un esprit de prière, délimiter au mieux chaque part, faisant en sorte que personne ne soit lésé ou favorisé et que ce partage réponde à l'attente de la plupart de vos enfants. Ensuite vous leur ferez connaître votre décision en les aidant à accepter ce qui serait susceptible de les décevoir. Enfin, vous fixerez avec précision et *par écrit* les modalités de ce partage, en ayant soin de remettre à chacun une copie de ce document.

Si les enfants sont chrétiens, il pourra leur être suggéré de consacrer une part de cet héritage à l'œuvre de Dieu ou à l'un de ses serviteurs dans le besoin. Certainement, ils y consentiront avec joie.

*
* *

---

(1) Ce qui suit n'est qu'une suggestion.

Voici un couple sans enfants se disant chrétien, le mari et la femme ayant l'un et l'autre exercé un métier lucratif. Gens d'autrefois, donc économes et sans ambition, ils ont pu acquérir plusieurs immeubles et sans doute amasser des sommes rondelettes. Les deux se sont brusquement éteints à quelques mois d'intervalle, laissant derrière eux du bien en abondance. Or, qu'advint-il de cet héritage? Malheureusement l'Etat en fut le principal bénéficiaire. Dommage! Pour ce couple particulièrement comblé, il en aurait coûté si peu de se demander: Que va devenir après nous ce que nous possédons? Ne pourrions-nous pas songer à faire des heureux en léguant nos biens à telle famille démunie? Ou à tel prisonnier dont les ressources sont incertaines? Est-il si compliqué de trouver des héritiers lorsqu'on n'en a pas?

Au cours des années trente, la Ligue pour la lecture de la Bible reçut un bel et vaste immeuble, le Mas de Sumène, légué de son vivant par une famille chrétienne. Depuis ce temps, des milliers de jeunes et d'aînés ont défilé dans ses longs couloirs, remplissant la maison de rires et de chants à l'occasion des camps et des retraites. Je puis affirmer, pour en avoir eu les preuves, que des centaines d'entre eux sont devenus de fervents disciples de Jésus-Christ et j'incline à croire qu'à la résurrection, cette famille généreuse sera accueillie «dans les Tabernacles éternels» par une foule d'amis à eux inconnus.

En terminant, un conseil: Si vous léguez vos biens à une œuvre chrétienne, agissez en plein accord avec les vôtres. Et si vous n'avez pas d'héritiers, demandez à Dieu qu'il vous les désigne avant que ne vienne l'heure du grand départ.

Que nos biens servent à la gloire de Dieu.

QUESTIONS
  1. — *Pensez-vous qu'il soit sage de discuter à l'avance de succession avec ses enfants? Si oui, êtes-vous résolu à le faire?*
  2. — *Etes-vous dans l'abondance et sans héritiers directs? Ne devriez-vous pas chercher à savoir à qui vous pourriez destiner vos biens afin de prendre ensuite une décision ferme?*
  3. — *Les vôtres sont-ils au courant de vos affaires? Seraient-ils capables de vous succéder sans problème si vous étiez appelé à partir prématurément? Que pouvez-vous faire pour « mettre de l'ordre dans votre maison »?*

LES HÉRITAGES

> Pourquoi ne souffrez-vous pas
> plutôt quelque injustice?
> Pourquoi ne vous laissez-vous pas
> plutôt dépouiller?
> 1 Corinthiens 6.7b

Une voix sort de la foule rassemblée autour de Jésus:
— Dis à mon frère de partager avec moi notre héritage (Luc 12.13-16).
Le maître refuse. Energiquement.
Dans la famille israélite, le fils aîné recevait une double portion d'héritage mais avait la charge d'entretenir la mère et les sœurs non mariées (Deutéronome 21.17). Succédant au père défunt, il devait procéder à la distribution des biens de la famille entre les autres frères (le reste étant divisé en parts égales).
Pourquoi cet auditeur réclame-t-il sa part d'héritage? Aurait-il tout dépensé et s'attend-il à ce que Jésus use de son autorité pour inciter son frère à lui verser une somme supplémentaire? L'aîné, peu honnête, aurait-il frustré son cadet d'une partie des biens qu'il devait recevoir? Certainement pas.
Le refus de Jésus de prendre fait et cause pour le plaignant est visiblement une réponse à cette interrogation. En mettant en garde ses auditeurs contre l'avarice, le Maître laisse entendre que son interlocuteur est possédé par l'amour des richesses. Les gens avides d'« espèces sonnantes et trébuchantes » se croient toujours dupés dans les transactions ou les partages. Ils prétendent être lésés et soupçonnent

volontiers la malhonnêteté chez les autres. Parce qu'ils se croient victimes même des honnêtes gens, ils réclament toujours. Les avares sont pointilleux et détestables en affaires.

Etes-vous dans la perspective d'un prochain héritage? Tant mieux mais... prudence! Soyez fermement résolu à ne rien faire, à ne rien exiger qui soit susceptible de déclancher un conflit, d'entraîner une irrémédiable rupture avec l'un des vôtres. Harmonie d'abord, même si je dois être lésé dans le partage, même si je ne puis obtenir ce que j'escomptais recevoir! Je veux être *prêt à renoncer*... à la belle pendule ou à la commode Louis XV que je convoite depuis longtemps. Je refuserai d'user de ruse pour parvenir à mes fins et me ferai un devoir de «considérer les intérêts» de ceux qui prennent part à ce partage (Philippiens 2.4). Ainsi, j'aborderai sereinement une séance qui, trop souvent se termine par des brouilles. Il est certain que cette attitude ne m'empêchera pas de faire connaître clairement mes désirs, ni d'insister avec calme pour obtenir ce qui me revient de droit, aussi longtemps qu'on voudra bien m'écouter. Naturellement, je me garderai de proclamer que je suis prêt à me ranger parmi les frustrés, ce serait tenter les autres et encourager certaines rapacités.

C'est lors d'un partage d'héritage que je puis mesurer la profondeur des liens qui m'unissent à «mes bien-aimés». Si je suis appelé à y prendre part, je me préparerai avec prière, fermement décidé à obéir à l'injonction de l'apôtre *Autant que cela dépend de vous, soyez en paix avec tous les hommes* (Romains 12.18). A fortiori, avec les membres de ma famille.

*

* *

L'Ancien Testament évoque longuement la distribution des terres de Canaan, répartition qui s'accomplit sans la moindre «bavure». Lisez les chapitres 13 à 21 du livre de Josué et notez de quel luxe de précautions s'est entouré le chef d'Israël pour mener à bien cette opération délicate. Le partage fut équitable, sans erreur et accepté de tous. Seule, la tribu d'Ephraïm, mécontente de son lot, releva l'exiguïté de son territoire. Motif inexact puisqu'il lui restait à occuper la montagne d'Ephraïm toujours en friche (17.14-18). Les plaintes de ses proches (Josué était justement de la tribu d'Ephraïm) démontraient hautement son impartialité : il n'avait nullement favorisé les siens. Ce détail nous parlera si nous sommes tentés de marquer une préférence pour l'un de nos enfants (le fils chrétien par exemple à qui l'on fait la part trop belle au préjudice de celui qui résiste à l'Evangile). Je revois telle famille définitivement déchirée à cause d'un testament lésant le non-croyant.

*

* *

Si vous devez rédiger un testament veillez à utiliser un langage clair et précis, ainsi que des formules simples n'autorisant aucune ambiguïté. Et si l'héritage est d'une certaine importance, demander conseil à un homme de loi, chrétien de préférence (1).

QUESTIONS
1. — Etes-vous appelé prochainement à partager un héritage avec des membres de votre famille ? Savez-vous qu'il s'agit là d'une opération délicate qui a divisé bien des familles ?
2. — Dans ce cas, acceptez-vous, car telle est la pensée du Seigneur, d'être lésé, de ne pas recevoir tout ce que vous seriez en droit d'attendre, d'être le moins bien partagé ?
3. — Accepteriez-vous même de tout perdre pour rester uni aux vôtres « en sachant que vous avez des biens meilleurs et qui durent toujours » ? Lisez 1 Corinthiens 6.7b.

---

(1) Ici on peut recommander la brochure de M. Gendrel : « Le Testament du Chrétien ».

EMPLOIS INCOMPATIBLES

> Quoi que vous fassiez, faites
> tout pour la gloire de Dieu.
> 1 Corinthiens 10.31

Un couple tenait un bar à proximité d'une grande usine, dans la banlieue sud d'une ville de province. La femme, chrétienne depuis peu, était réellement éprouvée de devoir, chaque jour, servir à boire à des hommes grossiers vilipendant leur salaire dans une atmosphère empestée de fumée et de jurons.

Que pouvait cette épouse? Son mari, le patron de l'établissement, ne comprenait rien aux scrupules et au trouble de son épouse. L'affaire marchait bien, alors pourquoi en changer?

De plus en plus attristée — à l'instar de Lot, elle tourmentait journellement son âme juste à cause de ce qu'elle voyait et entendait (2 Pierre 2.8) — cette chrétienne fit monter une prière on ne peut plus étrange mais combien inspirée:

— *Seigneur, ruine-nous!* Seigneur, ruine-nous!

Elle avait bien compris que seule, une faillite pouvait forcer le mari à changer d'emploi. Or, les affaires fructifiaient et l'homme n'en démordait pas.

Les semaines passèrent.

La femme fit de son mieux pour se montrer servante du Seigneur dans ce milieu bruyant et envinacé. Un jour pourtant, la nouvelle tomba, jetant la consternation dans le café:

— On est dans de beaux draps. La direction de la fabrique vient de déposer son bilan.
— Nous serons sans travail à la fin du mois.
— C'est le chômage !

La nouvelle en effet devint réalité. L'usine fermée, le bistro perdit du même coup sa clientèle. Et la fabrique étant située loin de l'agglomération, le quartier devint désert. Le mari dut alors songer à se reconvertir, à la joie de son épouse qui voyait là une réponse de Dieu. Une joie mêlée de tristesse cependant, car cette femme avait trop de cœur, je suppose, pour rester insensible aux difficultés de ses clients maintenant au chômage.

Le couple connut des temps éprouvants. Heureusement, les deux purent ouvrir un magasin de primeurs au centre de la ville et gagner ainsi leur vie, avec la conscience à l'aise. Dieu avait honoré la prière de celle qui avait préféré son Maître à un peu d'argent.

*
* *

Un chrétien ne peut remplir n'importe quel emploi sous prétexte que l'argent n'a pas d'odeur ou que Dieu donne la force de rester fidèle n'importe où et dans n'importe quelle activité. Peut-être reprochera-t-on à l'épouse citée plus haut d'avoir démissionné devant les difficultés, elle qui avait l'occasion quasi quotidienne de rendre un témoignage vivant à Jésus-Christ dans ce milieu difficile. C'est vrai, et j'incline à croire que cette femme bien trempée était de taille à exprimer sa foi même dans un bistro. Mais la prudence est aussi une qualité chrétienne. Aucune loi ne m'empêche de marcher sur le bord d'un toit et Dieu peut me tenir en équilibre si je dois y ranger des tuiles. Pourtant, le bon sens me commande de rester le plus possible éloigné du bord, car bon nombre d'ouvriers couvreurs des plus exercés y ont laissé leur vie. Ne taxons pas de lâcheté ce qui est élémentaire prudence. A ce sujet, rappelons ici un récit biblique bien connu : Au moment de son arrestation, Jésus demanda à ses traqueurs de laisser aller ses disciples (Jean 18.8), lui qui avait d'ailleurs recommandé expressément à Pierre de «ne pas le suivre maintenant» (Jean 13.36). Ne tenant aucun compte de ce conseil, l'apôtre se rendit jusque dans la cour de Caïphe. Il se croyait fort lorsqu'il déclarait : *Je suis prêt à aller avec toi en prison et à la mort* (Luc 22.33). Hélas ! Au milieu des moqueurs et des gens hostiles, il renia lamentablement son Maître. Au contraire, si c'est Dieu qui nous place dans une situation difficile, il ne manquera pas de nous communiquer la force de tenir bon et même de le glorifier dans l'épreuve. Bien que laissé dans un milieu dépravé à Silo, l'enfant Samuel ne subit nullement l'influence délétère des fils d'Eli réputés malhonnêtes et débauchés. Par la grâce de l'Eternel, il resta pur et fidèle. A l'inverse, si de notre propre chef nous nous plaçons dans une situation dangereuse pour notre âme, nous tentons le Seigneur et sommes alors en danger de tomber, n'étant pas assurés de son secours.

a) Il est des professions que l'enfant de Dieu ne saurait envisager parce qu'elles sont franchement *malhonnêtes* (il faut tricher pour réussir) ou liées à l'*exploitation du péché* (le commerce des stupéfiants, des alcools, tout ce qui touche à la prostitution, à la pornographie ou aux jeux de hasard). Quant à la spéculation, boursière ou autre, elle apparaît moralement incompatible avec la vocation chrétienne.

b) Des emplois fort honnêtes peuvent mettre en danger une âme mal affermie. Si le métier d'hôtesse de l'air est exaltant pour qui se passionne de voyages ou d'aventures, il faut admettre qu'il expose la jeune fille à de réelles tentations à une époque où les mœurs sont particulièrement relâchées. Une chrétienne à l'âme bien trempée pourra mieux tenir là où d'autres ne manqueront pas de tomber.

c) Enfin, des personnes compétentes à qui sont confiées de grandes responsabilités (dans l'industrie, le commerce, la nation...) peuvent être à tel point *absorbées* par leur immense tâche qu'elles en viennent à négliger leur foyer et à délaisser l'œuvre du Seigneur.

Certaines épouses de médecin se plaignent d'avoir un conjoint tellement donné aux autres (nuit et jour) qu'elles le voient rarement au foyer, juste pour manger et dormir, quand il n'est pas absorbé dans ses pensées. Grand est le risque pour ces praticiens dévoués de « tomber dans le domaine public ». Certes, il n'est pas aisé de limiter son activité lorsque le devoir appelle. Toutefois, il sera possible d'y parvenir avec le secours de Dieu si l'on est résolu à ménager son entourage et à ne pas courir le risque de « craquer » ou de perdre pied spirituellement.

Des pères de famille, pour une raison analogue, devraient renoncer à exercer une profession exigeant des absences prolongées et convenant mieux à des célibataires (routier, pilote, voyageur de commerce, représentant...).

Mon travail me perturbe-t-il ? A-t-il une incidence fâcheuse sur ma famille ou ma vie intérieure ? M'amène-t-il à déserter l'église et à abandonner mon ministère dans l'œuvre de Dieu ? Alors courageusement j'envisagerai, s'il le faut, de changer de métier, quitte à faire subir à mon salaire une sérieuse amputation. *Si ton œil droit est pour toi une occasion de chute, arrache-le.* (Matthieu 5.29). Rude conseil qu'on pourrait formuler ainsi : « Si ton activité est pour toi et ton entourage une occasion de chute, renonces-y et cherches-en une autre ».

*
* *

Beaucoup de chrétiens ne sont pas pleinement heureux dans leur vie professionnelle. Les uns sont tourmentés parce qu'ils occupent un emploi dans une affaire qui leur paraît louche. D'autres, pour plaire à un patron peu scrupuleux mais qui paie bien, acceptent de frauder, de mentir au téléphone, de taper de fausses factures... Il n'est pas facile de changer d'employeur ou de se reconvertir en période de crise, mais doit-on céder au mensonge et piétiner sa conscience ? Qui a la notion de la sainteté de Dieu et désire lui plaire ne peut s'épanouir hors du chemin de la vérité. Il y a toujours une voie de sortie pour qui honore le Seigneur.

Sitôt après la dernière guerre, lors d'un camp que nous dirigions dans le Gard, un jeune homme se tourna vers le

Christ et lui offrit sa vie. Il en donna la preuve en informant son patron qu'il ne pourrait plus désormais mentir à la clientèle comme il était tenu de le faire auparavant. Il fut congédié sans ménagement, bien qu'étant le soutien d'une famille nombreuse. Incompris chez lui — les siens ne partageaient pas sa foi — ce jeune homme connut un temps difficile mais Dieu lui vint en aide et lui permit de monter une affaire qui prospéra rapidement. Ainsi, lui fut-il donné de pourvoir aux besoins du foyer et d'expérimenter la bonté de son Maître. *Je n'ai pas vu le juste abandonné ni sa descendance mendiant son pain,* déclare l'Ecriture (Psaume 37.25). Constatation combien encourageante!

*
* *

Les parents ont le devoir de conseiller leurs enfants dans le choix d'une profession... mais sans nourrir à leur égard une ambition démesurée. Trop souvent, ils visent « la belle situation », lucrative et bien en vue, quoique dangereuse pour l'enfant. Nombre de fils ou de filles ont été perdus pour le Maître à cause des folles prétentions d'un père ou de l'ambition démesurée d'une mère. Le bien spirituel de l'enfant doit passer avant tout. Sans conclure toutefois qu'il est contraire à Dieu d'envisager des études supérieures pour un enfant particulièrement doué. Non! Il est légitime de vouloir donner aux siens le maximum de connaissances, pourvu que le Seigneur reste « en tout le premier » (Colossiens 1.18).

D'abord sa gloire!

QUESTIONS
1. — Etes-vous heureux dans votre profession ? Pourquoi ? Y a-t-il dans votre activité des pratiques que votre conscience réprouve et qui vous tourmentent ? Avez-vous parlé de votre trouble à un frère ou un ancien ? Qu'est-ce qui vous empêche de régler ce problème ?

2. — Etes-vous certain de donner de bons conseils à vos enfants qui envisagent une situation apparemment incompatible avec la vocation chrétienne ? Pourquoi les poussez-vous dans telle voie ?

3. — Etez-vous vraiment préoccupé du bien spirituel de vos enfants ? Demandez à Dieu sa sagesse pour les conseiller selon sa pensée.

CONTENT
DE MON ÉTAT

> Que votre conduite ne soit pas
> inspirée par l'amour de l'argent :
> Contentez-vous de vos biens actuels.
> Hébreux 13.5

— Que me conseillez-vous, me demanda un jeune professeur ? Je suis dans l'enseignement, au bas de l'échelle, aussi mon salaire est-il des plus modestes. Avec nos deux enfants, nous avons de la peine à joindre les deux bouts. Or, je reçois une proposition d'emploi à Anvers où je gagnerai le double ; elle me tente ! Qu'en pensez-vous ?

— Mon ami, lui dis-je, pour vous donner une meilleure réponse, il me faudrait un supplément d'information. Puis-je vous poser une question indiscrète ?

— Posez-là toujours.

— Je ne suis pas curieux, mais... combien gagnez-vous par mois ? Pour vous rassurer, je vous préciserai de mon côté le montant de mon salaire.

Le jeune homme hésita puis me cita un chiffre. Comme promis, je lui indiquai le mien. Alors il me regarda un instant comme s'il avait mal entendu, puis brusquement, il s'exclama :

— J'ai compris !

Quelques mois plus tard, je le rencontrai à l'issue d'un culte et lui dis ma surprise :

— Vous ici ? Vous n'êtes donc pas allé à Anvers ?

— Non! Mais après notre entretien j'ai vu clairement ma situation. Je n'ai pas changé d'emploi et reçois donc toujours le même salaire; or maintenant, non seulement nous bouclons, mais plus encore, nous mettons de l'argent de côté.

*
* *

Pour se rendre à son travail, une épouse accomplissait dans les embouteillages de l'agglomération parisienne 140 à 150 kilomètres par jour. Elle vint vers moi pour être aidée. La voyant « à bout de souffle », perturbée, je lui conseillai de quitter son emploi et de s'occuper des siens.

— Mais, me dit-elle, nous venons de construire un pavillon et tous les mois, nous avons des traites à payer. Or, les échéances reviennent vite et les mensualités sont importantes. Deux salaires sont indispensables pour honorer nos signatures.

Malgré ces vraies raisons, je n'en démordai pas et encourageai cette maman à cesser son activité. Je l'assurai que *l'argent le plus facile à gagner est celui que l'on économise.*

Durant quatre ou cinq mois je fus sans nouvelle de cette dame. L'avais-je fâchée? Non, car elle me donna signe de vie en me lançant une carte respirant la joie : « J'ai enfin accepté de suivre votre conseil. Non sans hésiter, j'ai renoncé à mon travail et, à notre surprise, nous avons retrouvé notre équilibre financier. Quant à moi, je suis au meilleur de ma forme et nos enfants apaisés nous réjouissent. Nous pouvons en famille nous réunir autour de la Bible et vivre ensemble une vie normale. Nous sommes heureux! ».

Quel témoignage!

Certes, la vie moderne exige beaucoup. Les besoins sont variés, immenses, et les occasions de dépenser quasiment illimitées. Je dois résister à la tentation de goûter à tout (les produits sont si alléchants, si bien présentés) et accepter de vivre en fonction de mes ressources. Ceci étant dit, je puis légitimement chercher à occuper une situation plus lucrative si j'en ai les compétences, afin d'élever le niveau de vie du foyer si cela s'impose, mais surtout dans le but de « semer plus abondamment » selon 2 Corinthiens 9.6 — pourvu que ce motif ne cache pas la soif de s'enrichir.

*
* *

Quand l'apôtre Paul écrit du fond de sa prison à Rome : *J'ai appris à me contenter de l'état où je me trouve,* insistant sur le *Réjouissez-vous* (Philippiens 4.11 et 4), sa situation n'est guère enviable. Pourtant, il ne se plaint nullement. S'il parle de disette (v. 12) et de tribulation (v. 14), c'est seulement pour encourager ses amis de Philippes si généreux à son égard (4.14, 16,17) : leurs dons sont tombés à point. Outre sa situation précaire, l'apôtre est dans les chaînes, devant une alternative inquiétante : la mort violente ou l'acquittement. Son sort va se jouer bientôt. Pire que tout cela, des frères prêchent contre lui pour le discréditer, parvenant à faire le vide autour de lui : *Je n'ai personne qui partage mes sentiments* (2.20), reconnaît-il avec tristesse.

Alors pourquoi l'apôtre est-il si heureux en dépit de la pauvreté, de l'hostilité et de la mort qui le guette ? Son secret tient en un seul mot : JESUS. Il est son bien suprême. Rien ne lui est comparable. Tout le reste (argent, confort, honneurs) n'est que de la boue (3.8). Vivre près du Maître, le servir avec zèle dans une communion de tous les instants, voilà sa joie ! Les insatisfaits, perpétuels mécontents, ont les yeux ailleurs, rivés sur les biens terrestres : *Celui qui aime l'argent n'est pas rassasié par l'argent* reconnaissait l'opulent Salomon (Ecclésiaste 5.9).

C'est pourquoi la vigilance s'impose. Je n'imiterai pas telle épouse insatiable : Elle harcelait son mari, estimant son salaire insuffisant alors qu'il occupait une situation des plus enviables. Conséquence : Le foyer est aujourd'hui en pleine débâcle... Non ! Je veux cesser de donner aux richesses la valeur qu'elles n'ont pas et être déterminé à « apprendre à me contenter de l'état où je me trouve ».

*
* *

Et voici quelques paroles de la Bible qu'il vaut la peine de méditer :
C'est une grande source de gain que la piété, si l'on se contente de ce que l'on a (1 Timothée 6.6).

Ceux qui veulent s'enrichir tombent dans la tentation, dans le piège et dans une foule de désirs insensés et pernicieux, qui plongent les hommes dans la ruine et la perdition (1 Timothée 6.9).

C'est la bénédiction de l'Eternel qui enrichit, et il n'y ajoute aucun chagrin (Proverbes 10.22).

Le cœur content est un festin perpétuel (Proverbes 15.15).

Mieux vaut peu avec la crainte de l'Eternel, qu'un grand trésor avec le désordre (Proverbes 15.16).

Celui qui aime l'argent n'est pas rassasié par l'argent (Ecclésiaste 5.9).

QUESTIONS
1. — Suis-je insatiable et mécontent en considérant mon modeste salaire ?
2. — Le Christ est-il votre trésor ? Etes-vous préoccupé par-dessus tout de vivre près de lui, dans une vraie communion ?

— Béni soit Jésus qui a « remis ma dette » et payé un si grand prix pour que je sois l'héritier de sa gloire. Je veux être reconnaissant de ce que je possède et bénir plutôt le Seigneur : il a pourvu à mes besoins avec fidélité.

5ème PARTIE

LES BIENS QUI DEMEURENT

26. — La rémunération à venir.

27. — Des amis dans le ciel.

28. — Conclusion.

LA RÉMUNÉRATION À VENIR

> Le temps est venu de récompenser tes serviteurs, les prophètes, les saints et ceux qui craignent ton nom, les petits et les grands.
> Apocalypse 11.18

— Pas d'accord avec vous !
......

Un homme sec et rougeaud de figure — je le revois encore — s'approche de moi à l'issue d'une réunion et me manifeste sa désapprobation avec quelque nervosité. Sans doute s'est-il senti visé lorsque je citai, peu auparavant, le cas d'Isaac le débonnaire. Ce patriarche préférait perdre ses puits plutôt que de se quereller avec le Philistin jaloux, son voisin (lire ce récit instructif : Genèse 26.12-32).
— Je maintiens ! Pas d'accord ! Il faut défendre ses droits si l'on ne veut pas être grugé. Bon... mais pas bonbon !
— Pourquoi me parlez-vous ainsi ?
— Justement ! Mon voisin vient de construire une route pour se rendre à sa ferme...
— Qu'y a-t-il de mal à cela ? C'est bien, au contraire.
— Sans doute. Mais pour aller plus vite, il m'a volé au moins deux mètres carrés de terrain pour élargir son virage.
— Alors, je devine. C'est la brouille. On ne se parle plus entre voisins.
— Naturellement ! J'attends qu'il vienne s'excuser et me restituer mon bien.
Sceptique, je quittai cet ancien de l'église sans avoir réussi

à le convaincre qu'il serait gagnant à vivre en bonne intelligence avec cet homme, en lui offrant cette parcelle de terre dont lui n'avait que faire. Plutôt perdre que d'être en guerre avec son prochain : *Autant que cela dépend de vous, soyez en paix avec tous les hommes.* (Romains 12.18).

Trois ans plus tard je retournai dans ce village. Etonné de ne pas revoir cet ancien, je m'informai à son sujet :

— Comment, me fut-il répondu, vous n'êtes donc pas au courant ? Il est mort subitement l'année dernière.

Je fus attristé d'apprendre cette nouvelle. Attristé surtout de penser que cet homme avait sciemment refusé d'obéir à Dieu et que la mort l'avait surpris en pleine brouille. Pour récupérer son lopin de schiste qu'il ne pouvait emporter avec lui, il avait perdu une belle occasion de récolter une récompense éternelle — et qui sait ? — de se faire « un ami qui l'attende dans les tabernacles éternels » (Luc 16.9 — voir chapitre suivant). Folie !

*
* *

A propos de récompense, il faut convenir qu'il en est peu question dans l'église. Les chrétiens sont rarement exhortés à *fixer les yeux sur la rémunération à venir.* Et pourtant, le Christ et les apôtres ne se privèrent pas d'en parler.

Pour avoir une idée de l'importance de ce sujet trop oublié, il faut retenir que :

1. — Amasser un trésor dans le ciel est un *impératif,* un ordre donné par le Christ lui-même à ses disciples : *Amassez des trésors dans le ciel où ni les vers ni la rouille ne détruisent, et où les voleurs ne percent ni ne dérobent. Car là où est ton trésor, là aussi sera ton cœur.* (Matthieu 6.20). Faire fi des récompenses est une désobéissance qui attriste le Saint-Esprit.

2. — Le jour vient où tout racheté devra comparaître devant le *Tribunal du Christ* (2 Corinthiens 5.10). Le croyant ne redoute pas la colère de Dieu ni la perdition puisqu'il ne vient pas en jugement *mais il est passé de la mort à la vie.* (Jean 5.24). Il sait que son nom est inscrit dans le Livre de

vie mais il n'oublie pas cependant qu'à la résurrection des morts, lors du rassemblement des élus, il sera appelé à comparaître devant le Tribunal du Christ. *Là il sera rendu à chacun d'après ce qu'il aura fait dans son corps, soit en bien, soit en mal.* Nos œuvres seront alors examinées dans le but d'accorder des récompenses à ceux qui en sont dignes. Le Seigneur est trop juste pour laisser une seule action bonne sans la rétribution promise (Hébreux 6.10). Il est trop saint pour que subsiste la moindre imperfection chez ceux qu'il va admettre en sa présence. Cette perspective devrait me rendre sérieux et vigilant. C'est pour cela, ajoute l'apôtre, que *nous mettons un point d'honneur à lui être agréable... et que nous connaissons la crainte du Seigneur* (2 Corinthiens 5.9,11). *Voici, dit Jésus, je viens bientôt et j'apporte avec moi ma rétribution pour rendre à chacun selon son œuvre* (Apocalypse 22.12).

3. — La perspective de la récompense peut *changer complètement l'orientation de notre vie* et l'objet de nos affections : *Faites vous des bourses qui ne s'usent pas, un trésor inépuisable dans les cieux, où il n'y a pas de voleur... Car là où est ton trésor, là aussi sera votre cœur* (Luc 12.33,34).

4. — Le croyant *est soutenu,* à l'heure de l'épreuve lorsqu'il fixe les yeux sur la rémunération à venir. Ce regard le rend capable de se réjouir au milieu même de la fournaise et du dépouillement. Ce fut le cas de Moïse : *Il estimait que subir le mépris comme le Messie avait plus de valeur que les trésors de l'Egypte car il avait les yeux fixés sur la récompense future* (Hébreux 11.26). L'auteur de l'épître aux Hébreux rappelle le passé de ses lecteurs pour les encourager : *Vous avez accepté avec joie qu'on vous arrache vos biens, sachant que vous aviez des possessions meilleures et permanentes* (Hébreux 10.34). Selon l'Ecriture, à toute *souffrance* acceptée à cause du Christ, correspond *« un poids de gloire »* propre à stimuler le chrétien éprouvé : *Car un moment de légère affliction produit pour nous au-delà de toute mesure un poids éternel de gloire. Aussi nous regardons, non point aux choses visibles, mais à celles qui sont invisibles...* (2 Corinthiens 4.17,18). Etes-vous exploité ? Dépouillé ? Persécuté ? Courage ! Des biens éternels d'une infinie richesse vous attendent Là-haut.

5. — Enfin, l'idée de récompense, toujours présente à l'esprit du chrétien, l'encourage à donner avec libéralité: *Celui qui sème avec abondance moissonnera avec abondance* (2 Corinthiens 9.6). *Que ton aumône se fasse en secret, et ton Père qui voit dans le secret te le rendra* (en récompenses; Matthieu 6.4). *Recommande aux riches... d'avoir de la libéralité, de la générosité et qu'ils s'amassent ainsi un beau et solide trésor pour l'avenir* (1 Timothée 6.17,18).

*
* *

Qui donc, parmi les élus, est digne de recevoir des récompenses? En particulier, celui qui fait bon usage de ses biens matériels (1). Plus exactement:

a) Celui qui *donne aux pauvres* « dans le secret », c'est-à-dire sans tapage ni recherche de soi (Matthieu 6.4).

b) Quiconque *offre sans espoir de retour : Lorsque tu donnes un festin, invite des pauvres... Et tu seras heureux puisqu'ils n'ont pas de quoi te rétribuer ; car tu seras rétribué à la résurrection des justes.* (Luc 14.13,14). *Prêtez sans rien espérer. Votre récompense sera grande et vous serez fils du Très Haut.* (Luc 6.35). *Jette ton pain sur la face des eaux* (donc sans espoir de retour) *car avec le temps tu le retrouveras* (Ecclésiaste 11.1).

c) *Les débonnaires* qui acceptent sans riposter d'être dépouillés injustement de leurs biens: *Vous avez soutenu un grand et douloureux combat... vous rendant solidaires de ceux qui subissaient ce traitement... et vous avez accepté avec joie qu'on vous arrache vos biens sachant que vous aviez des possessions meilleures et permanentes.* (Hébreux 10.32-34).

d) *L'homme généreux* qui pourvoit aux besoins des gens dans la peine, principalement des croyants. Examinez Galates 6.10, 1 Timothée 6.18 et 2 Corinthiens 9.6-10 déjà cités.

*
* *

---

(1) Nous ne considérons que cet aspect de ce vaste sujet.

En terminant ce chapitre, il n'est pas inutile de rappeler que Dieu n'est pas seulement celui qui distribue les récompenses à ses élus; plus encore il est lui-même *notre récompense*. L'Ecriture le confirme en rapportant la parole de l'Eternel adressée à Abraham alors qu'il avait renoncé aux richesses des rois de la plaine et remis son offrande au sacrificateur Melchisédeck: *Je suis moi-même ton bouclier et ta grande récompense* (Genèse 15.1).

*
* *

Puisse le Christ dire à chacun de nous lors de son retour: *Bien, bon et fidèle serviteur; tu as été fidèle en peu de choses, je t'établirai sur beaucoup; entre dans la joie de ton Maître* (Matthieu 25.21). — *Alors la louange de chacun viendra de la part de Dieu.* (1 Corinthiens 4.5). — *Gloire, honneur et paix pour quiconque pratique le bien* (Romains 2.10). *Que l'Eternel te rende ce que tu as fait! Que ta récompense soit complète de la part de l'Eternel sous les ailes de qui tu es venue te réfugier* (Ruth 2.12).

QUESTIONS
1. — Comme Moïse avez-vous de temps à autre les « regards fixés sur la rémunération à venir »? La question des récompenses a-t-elle été traitée dans votre communauté? Sinon, ne pourriez-vous pas suggérer qu'elle soit abordée prochainement?
2. — L'idée de comparaître devant le Tribunal du Christ vous a-t-elle amené à rentrer en vous-même, à réviser votre comportement? A vous montrer plus généreux à l'avenir?
3. — Etes-vous actuellement grandement éprouvé, objet de l'injustice, victime de la méchanceté des autres? Ne croyez-vous pas qu'il est précieux et réconfortant de penser à la gloire à venir? Que cette perspective soutient et rend capable de regarder l'épreuve comme « un sujet de joie » (Jacques 1.2)?

DES AMIS
DANS LE CIEL...
OU UN AUTRE MOYEN D'ÉVANGÉLISER

Faites-vous des amis avec les richesses injustes, pour qu'ils vous reçoivent dans les tabernacles éternels, quand elles vous feront défaut.
Luc 16.9

Avant de fermer ce livre, je vous suggère de réfléchir sur la parole citée ci-dessus en exergue et de revenir un instant sur la parabole de l'intendant malhonnête (1).

Bientôt réduit au chômage, l'intendant réfléchit et envisage plusieurs solutions pour assurer sa subsistance. Lui qui a géré une immense fortune ne peut, décemment, se livrer à la mendicité ou faire n'importe quoi :

— Mendier, j'en ai honte (v. 3).

Il sait qu'on ne s'improvise pas cultivateur :

— Piocher la terre! Je n'en ai pas la force (v. 3) !

Le plus sûr et le moins humiliant pour lui, c'est de chercher à s'attirer l'estime d'un certain nombre de personnes qui se feront un devoir de l'assister au jour du dénuement. Pour ce faire, il distribuera généreusement les biens qu'il détient encore, non pour son compte personnel cette fois, mais au profit des débiteurs dont il envisage de réduire les dettes.

---

(1) Luc 16.1,13 Relire cette parabole, page 39

Au premier rencontré, il demande :
— Combien dois-tu à mon maître ? (v. 5).
— Cent mesures d'huile (environ 2 000 litres).
— Prends ton billet, reprend l'intendant, assieds-toi vite (détail cocasse : il y a de quoi tomber à la renverse) et écris : cinquante.

La remise est d'importance et l'on imagine aisément le soulagement du débiteur. Calculez au cours du jour la valeur de 1 000 litres d'huile.

A un autre, redevable de quelque 100 mesures de blé (environ 200 quintaux de grain), l'intendant dicte à son client :
— Ecris 80 (soit une réduction de 40 quintaux).

Opération étrange, faite au grand jour, au vu et au su du patron qui le félicite. Certes, le procédé est malhonnête lorsqu'il s'agit d'un maître humain. Disposer ainsi du bien d'autrui n'a rien de chrétien. Et pourtant, la chose devient juste et recommandable dès l'instant où les gérants que nous sommes distribuons les biens de Dieu qui nous sont confiés momentanément. Comportement d'autant plus honnête que l'ordre de donner vient d'En-haut : *Faites-vous des amis avec les richesses injustes* (v. 9).

La parabole de Luc 16 est riche d'enseignement. Elle nous pousse à préparer sérieusement l'au-delà, lorsque les biens de ce monde nous feront défaut. Jésus ne nous ordonne-t-il pas d'amasser un trésor dans le ciel ?

*
* *

Le récit suivant, tiré de l'autobiographie d'un serviteur de Dieu du siècle passé, éclairera plus que de longues explications, l'injonction de Jésus (v. 9).

Le frère Fritz se rendait de bon matin à son pré lorsqu'il trouva son voisin en train de faucher l'herbe à sa place, pour son propre compte, naturellement ! Ce voisin, doit-on le préciser, était un homme de rien, malhonnête et irascible. Impossible de s'entendre avec cet individu et d'autant plus que sa femme était du même acabit. Les vexations quasi-quotidiennes n'étaient pas épargnées à ce couple chrétien qui démontrait une patience peu commune.

Le frère Fritz, une fois de plus, maîtrisa son désir combien légitime de défendre son bien, renonçant à discuter avec cet homme têtu avec lequel toute conversation était impossible. Une fois de plus, il confia ce problème à Dieu, se rappelant sans doute la question de l'apôtre : *Pourquoi ne vous laissez-vous pas plutôt dépouiller ?* (1 Corinthiens 6.7). Non sans tristesse, ce bon chrétien fit demi-tour, puis, les outils sur l'épaule, rentra à la ferme, soucieux cependant, car on était pauvre à la maison ; cette perte allait entraîner une gêne certaine pour la vie du foyer. Fritz pria pour son voleur et demanda d'être délivré de toute rancœur et de toute pensée de vengeance.

Or, le Seigneur répondit merveilleusement et par deux fois à l'attente de ce croyant d'élite. En effet, un paysan ami ayant un surcroît de récolte qu'il ne savait où loger, eut la bonne idée d'amener jusque dans le grenier de Fritz le double de la récolte perdue. Et cela, sans que notre ami remue le petit doigt où sorte la moindre pièce ! Ne valait-il pas la peine de confier son sort à « Celui qui pourvoit à nos besoins avec richesse » ?

Quelques semaines plus tard, des soirées d'évangélisation eurent lieu dans le village et, au grand étonnement de tous, le voisin, invité par Fritz, se rendit à l'une d'entre elles. Or le prédicateur, visiblement inspiré, parlait ce soir-là de Jacob, le voleur et le trompeur que l'Eternel cherchait à amener à capitulation. Soudain, devant un auditoire saisi par l'Esprit de Dieu, l'orateur s'écria :

— Il y a un Jacob dans la salle. Jacob, où es-tu ?

Le voisin se leva brusquement et répondit :

— Je suis là !

Il s'appelait... Jacob.

Bouleversé, convaincu de péché, il s'effondra devant Dieu, se confia en Jésus le Sauveur et devint réellement un homme nouveau à la grande joie du frère Fritz qui ne le quittait pas des yeux. La femme de Jacob ne tarda pas, elle aussi, à capituler devant Dieu.

Suite à ce récit touchant, il faut se poser la question suivante : Si, trois ou quatre mois plus tôt le chrétien, cédant à la colère, s'était disputé dans le pré, réclamant avec énergie que lui soit restituée la récolte, aurait-il été en mesure d'amener son voisin à la réunion et de le voir ainsi se convertir à Jésus-Christ ? Certainement pas. Une chose est sûre maintenant : le moment viendra où Fritz et son épouse verront leur voisin Jacob les accueillir dans le ciel. Il vaut donc la peine d'accepter quelque perte et de donner ainsi la preuve de son détachement des richesses temporelles pour espérer trouver un jour des amis qui nous reçoivent « dans les tabernacles éternels » (Luc 16.9). D'ailleurs, le Christ notre modèle, ne s'est-il pas laisser dépouiller de tout (même de la vie) afin que des multitudes soient agrégées à son Royaume et l'acclament dans la louange comme l'Agneau immolé (1 Pierre 2.21-25) ? Déjà sur la terre nous ne devrions cesser de contempler et d'adorer « celui qui s'est fait pauvre afin que nous soyons enrichis ».

Je ne puis terminer ce chapitre sans citer quelques lignes du frère Fritz dont nous venons d'évoquer le comportement. « Nos voisins, raconte-t-il, cherchaient constamment à nous faire du tort et il arriva qu'ils arrachèrent tout ce que ma femme venait de planter. Supportant aisément cette injustice, elle recommençait son travail que Dieu bénissait, de telle sorte que la récolte n'en était que meilleure... Ils recherchaient aussi tous les moyens pour nous tourmenter et ils nous calomniaient dès que l'occasion s'en présentait. Parfois, nous ne savions que faire, nous disant : Cela ne peut continuer. Comment pourrai-je encore témoigner de Jésus-Christ si les gens ajoutent foi à ces dires ? Pourtant, j'ai accepté ces mauvais traitements, continuant à intercéder pour ces personnes selon la Parole de Dieu, bien qu'il semblât que la vie auprès d'eux devenait impossible. Mais cette école a été *très, très* bonne pour nous et ce fut incontestablement un temps de bénédictions. Voilà ce que furent mes études d'évangéliste. Comme professeurs, j'avais ces voisins qui agissaient en qualité de bons laboureurs, pour mon plus grand bien. Ces procédés durèrent environ trois ans puis, à ma grande joie, ces gens se convertirent au Seigneur...». (1)

QUESTIONS

1. — Vous est-il arrivé de vous disputer avec un frère ou un voisin pour défendre vos droits ou vos biens ? Le comportement de Fritz vous a-t-il parlé et conduit à regretter vos réactions ? (Lire Genèse 26.12-32).

2. — Evoquez un instant la vie de Jésus, une vie faite de renoncements et de dépouillements acceptés sereinement afin de sauver le plus grand nombre de pécheurs. Etes-vous résolu à suivre ses traces (1 Pierre 2.21-24) ?

— Bénissez Celui qui, de riche qu'il était s'est fait pauvre pour se faire un peuple nombreux, héritier de sa gloire. Avez-vous l'assurance d'être compté parmi ses élus ?

---

(1) Tiré de : La grâce surabondante de Dieu dans ma vie. Editions Fr. Berger, 1943.

CONCLUSION

> Celui qui a plongé les regards dans la loi parfaite...
> et qui persévère, non pas en l'écoutant pour l'oublier
> mais en la pratiquant activement,
> celui-là sera heureux dans son action même.
> Jacques 1.25

C'est reconnu, l'homme répugne à donner; au point que pour le commun des mortels, tout don est suspect. Ses motifs sont douteux, supposés inavouables. S'il dépasse le simple pourboire, l'agent du fisc, soupçonneux comme un douanier, flairera la rémunération d'un travail au noir. La méfiance à l'égard du donateur est de mise: « Tiens, pourquoi m'offre-t-il cela ? Quelle idée a-t-il derrière la tête. Quel avantage veut-il retirer de moi »?... etc.

Cette suspicion explique en partie la réticence des humains face à l'offre d'un salut gratuit. Aux yeux de beaucoup, la vie éternelle doit se marchander, se monnayer par des actions bonnes. Et pourtant, tout autre est la bonne nouvelle de Jésus:

> *O vous tous qui avez soif, venez vers les eaux,*
> *Même celui qui n'a point d'argent!*
> *Venez, achetez et mangez,*
> *Venez, achetez du vin et du lait,*
> *Sans argent, sans rien payer!*
> (Esaïe 55.1,2)

Infinies sont les largesses du Seigneur! Imméritées — donc gratuites — sont les grâces insignes du Père!

*
* *

Je veux reconnaître que Dieu m'a comblé de ses biens, qu'il ne mesure pas ses bontés envers moi : *La bienveillance de l'Eternel n'est pas épuisée, et ses compassions ne sont pas à leur terme. Elles se renouvellent chaque matin. Grande est ta fidélité !* (Lamentations de Jérémie 3.22,23). C'est pourquoi, je veux lui exprimer ma reconnaissance par des offrandes régulières et abondantes.

Et puisque tout lui appartient, je m'emploierai à bien gérer, sous son contrôle, les richesses qu'il me confie. Que tout en moi, corps et biens, lui soit donné sans réserve. Avec joie. Mis à sa disposition pour un service zélé en attendant son retour.

Et si nous l'attendons vraiment, que faisons-nous des capitaux dont nous disposons ? Aurions-nous l'espoir de les emporter avec nous sur les nuées ? Mauvais calcul ! Ces richesses qui pourraient servir à la propagation de l'Evangile financeront peut-être l'œuvre de l'Antichrist comme le déclarait un prédicateur, lequel ne manquait pas d'ajouter : « Sans le savoir, de nombreux chrétiens bien installés dans la vie deviendront les capitalistes de la Bête ».

Surtout qu'il n'en soit pas ainsi. Au lieu de verser le salaire de notre activité dans « un sac percé » (Aggée 1.6), déposons-le sans regret à la banque du ciel. Sur la terre déjà, il rapportera 100 % d'intérêt, et dans le siècle à venir... « la vie éternelle » (Marc 10.30).

Grâces soient rendues à Dieu pour son don ineffable.
2 Corinthiens 9.15

TABLE DES MATIÉRES

Avant propos .... Page

1ère Partie

1 Le billet de cinq cents francs 9

2 Des idolâtres qui s'ignorent 13

3 Une racine de tous les maux 18

4 Suis-je avare? 23

5 Le pire des gaspillages 29

6 Que disent les Ecritures? 33

2ème Partie

7 L'intendant malhonnête 39

8 Le vrai propriétaire 41

9 A qui est dédiée l'offrande? 47

10 La caisse du Seigneur 51

11 Dieu d'abord 56

12 La part du Maître 60

13 Le superflu et le nécessaire 65

14 La vie par la foi....................................70

3ème Partie

15 Qui est chargé de répartir les offrandes?............77

16 La rétribution des ministères......................81

17 L'aide aux gens sans ressources....................86

18 Les pauvres avec nous.............................92

19 L'entretien du Temple.............................97

4ème Partie

20 Dettes et emprunts.............................. .105

21 Les jeux d'argent................................ .110

22 Avant de déloger................................ .114

23 Les héritages .... .119

24 Emplois incompatibles........................... .122

25 Content de son état.............................. .128

5ème Partie

26 La rémunération à venir .... .135

27 Des amis dans le ciel .... .140

28 Conclusion .... .145

« **Publications Chrétiennes inc.** » est une maison d'édition québécoise fondée en 1958. Sa mission est d'éditer ou de diffuser la Bible ainsi que des livres et brochures qui en exposent l'enseignement, qui en démontrent l'actualité et la pertinence, et qui encouragent la croissance spirituelle en Jésus-Christ.

Pour notre catalogue complet :
www.publicationschretiennes.com

Publications Chrétiennes inc.
230, rue Lupien, Trois-Rivières, Québec, CANADA – G8T 6W4
Tél. (sans frais) : 1-866-378-4023, Téléc. : 819-378-4061
commandes@pubchret.org